Nachhaltigkeitsbewertung im Rahmen von Merger & Acquisitions – Vorstellung eines Referenzmodells zur Methodenauswahl auf Basis des situativen Ansatzes

AF209367

Malena Düchting / Prof. Dr. Andreas Jonen

01/2023

Bibliografische Information der Deutschen Nationalbibliothek: Die Deutsche Nationalbibliothek verzeichnet diese Publikation in der Deutschen National-bibliografie; detaillierte bibliografische Daten sind im Internet über _dnb.dnb.de_ abrufbar.

© 2023 Malena Düchting / Andreas Jonen

Herstellung und Verlag: BoD – Books on Demand, Norderstedt

ISBN: 978-3-757-863357

Die Mannheimer Beiträge zur Betriebswirtschaftslehre werden von den Professor*innen der Fakultät Wirtschaft Duale Hochschule Baden-Württemberg Mannheim (DHBW) seit dem Jahr 2004 herausgegeben. Diese werden durch ein Editorial Board vertreten.

Die DHBW ist die erste staatliche duale Hochschule in Deutschland mit dem besonderen Merkmal der konsequenten Verzahnung des wissenschaftlichen Studiums mit anwendungsbezogenem Lernen in der Arbeitswelt. Sie wurde am 1. März 2009 gegründet und führt das seit über 45 Jahren erfolgreiche duale Modell der früheren Berufsakademie Baden-Württemberg fort.

Zielsetzung der Mannheimer Beiträge ist, die Diskussion zwischen Hochschule, Wissenschaft und Praxis zu fördern. Das Themenspektrum erstreckt sich auf Forschungsfragen aus dem gesamten Spektrum der anwendungsbezogenen Wirtschaftswissenschaften und fokussieren insbesondere den Theorie-Praxis-Transfer.

Die jeweiligen Bände unterliegen einem internen Begutachtungsprozess, sodass der wissenschaftliche Anspruch, die Aktualität und die thematische Passung sichergestellt werden.

Weitere Informationen auch zu den bisher erschienen Bänden erhalten Sie unter: https://www.mannheim.dhbw.de/forschung-lehre/schriftenreihe

Abstract

Nachhaltigkeitsthemen gewinnen allgemein und damit auch bei der Unternehmensbewertung beispielsweise im Rahmen von Akquisitionen eine immer größer werdende Bedeutung. Vor dem Hintergrund der Methodenvielfalt und Komplexität in der Nachhaltigkeitsbewertung wird in diesem Beitrag auf Basis des situativen Ansatzes ein Instrument zur Auswahl einer adäquaten nachhaltigen Bewertungsmethode vorgestellt. Dieses Instrument hat eine spezifische Bewertungsmethode bzw. eine Eignungsreihenfolge der relevanten Methoden als Ergebnis, welche auf Basis der Nachhaltigkeitsaspekte der Bewertungssituation selektiert wurde bzw. wurden.

Dazu wird zunächst auf Basis einer Literaturanalyse ausgewählt, welche Bewertungsmethoden grundsätzlich aus Sicht der Wissenschaft Relevanz haben. Als Folgeschritt werden die situativen Faktoren herausgearbeitet, die im Rahmen einer nachhaltigen Unternehmensbewertung wesentlich sein können (z.B. verwendetes Nachhaltigkeitskonzept oder Art des Bewertungsobjektes). Diese werden verwendet, um zu analysieren, in welchem Ausmaß die Bewertungsmethoden unter Berücksichtigung von unterschiedlichen Ausprägungen der situativen Faktoren geeignet sind.

Abschließend wird das anvisierte Modell in Form eines Scoring-Modells umgesetzt, mit dem die situative Vorteilhaftigkeit der relevantesten Methoden der Nachhaltigkeitsbewertung unter Berücksichtigung der individuellen Bewertungssituation und einer situationsspezifischen Gewichtung der Einflussgrößen ermittelt werden kann. Auf dieser Basis können für die Praxis konkrete Handlungsempfehlungen abgeleitet werden, welche Bewertungsmethode herangezogen werden sollte. So wird eine bedarfsgerechte, nachhaltigkeitsorientierte Unternehmensbewertung sichergestellt. Insbesondere im Hinblick auf den steigenden Einfluss der Nachhaltigkeitsleistung auf Unternehmens-Transaktionen kann auf diese Weise eine zielgerichtete Bewertungsmethode ermittelt und eine adäquate Bewertung sichergestellt werden.

Inhaltsverzeichnis

Abbildungsverzeichnis

Tabellenverzeichnis

Abkürzungsverzeichnis

CCF	Corporate Carbon Footprint
CF	Carbon Footprint
EEA	Ökoeffizienz-Analyse
EnVA	Environmental Value Added
EVA	Economic Value Added
KNA	Kosten-Nutzen-Analyse
LCA	Life Cycle Analysis
M & A	Mergers & Acquisitions
MKA	Multi-Kriterien-Analyse
SEEbalance	Sozio-Ökoeffizienz-Analyse
SustV	Sustainable Value-Ansatzes
SVA	Social Value Added

1 Problemstellung und Zielsetzung

Die wachsende Relevanz von Nachhaltigkeitsthemen in Unternehmen konnte in verschiedenen Studien nachgewiesen werden und wird von beinahe allen Stakeholdergruppen konsequent eingefordert.[1] Damit **wächst** die **Bedeutung** von nachhaltigen Messkriterien bei der Beurteilung der internen Unternehmensleistung[2] und auch bei der Bewertung von externen Objekten, beispielsweise im Rahmen von Akquisitionen. Die steigende Bedeutung von Nachhaltigkeit bei Investitionsentscheidungen wurde in verschiedenen Studien aufgezeigt[3] und wird auch an dem starken Anstieg des nachhaltigen Anlagevolumens in Deutschland (+35 % von 2019 auf 2020)[4] deutlich.

Um eine Unternehmensbewertung mit nachhaltigen Kriterien umsetzen zu können, bestehen verschiedene Methoden, die teilweise nur Einzelaspekte betrachten (z. B. ‚CO_2-Fußabdruck') oder lediglich bestimmten konzeptionellen Anwendungen (z. B. schwache Nachhaltigkeit) genügen. Spezifische Anforderungen oder ein Weg, um systematisch Nachhaltigkeitskriterien einzubeziehen existiert nicht.[5] Vor diesem Hintergrund soll in diesem Beitrag auf Basis des **situativen Ansatzes** ein Instrument zur Auswahl einer adäquaten nachhaltigen Bewertungsmethode vorgestellt werden, Das Instrument schlägt auf Basis der Nachhaltigkeitsaspekte der Bewertungssituation eine spezifische Methode vor, bzw. hat eine Eignungsreihenfolge der Methoden als Ergebnis.

Nachdem auf Basis von zwei Meta-Analysen dargestellt wurde, welche Relevanz Nachhaltigkeit bei der Bewertung und spezifisch im Zusammenhang mit Akquisitionen hat, wird zunächst auf Basis einer Literaturanalyse selektiert, welche **Bewertungsmethode** grundsätzlich Relevanz haben, um diese anschließend vorzustellen und deren Eignung zu prüfen. Als Folgeschritt werden die **situativen Faktoren** herausgearbeitet, die im Rahmen einer nachhaltigen Unternehmensbewertung relevant sein können. Diese werden verwendet, um zu analysieren, in welchem Ausmaß die relevanten Bewertungs-

---

[1] Vgl. Bundschuh, C./ Dresp, M./ Emunds, P. (2018): S. 1–4 und Bellmann, L./ Koch, T.): S. 13.

[2] Vgl. Grewal, J./ Serafeim, G. (2020): 73 f.

[3] Vgl. Rozen, A. (2019): S. 5 f., Grunow, H.-W./ Zender, C. (2020): S. 55, Morgenstern, K. (2020): S. 19–22, Bundschuh, C./ Dresp, M./ Emunds, P. (2018): S. 4, KPMG (2018) und Casey, G. et al. (2020): S. 1.

[4] Vgl. Tober, C. et al. (2020): S. 8.

[5] Vgl. Friede, G. (2019): S. 1260.

methoden unter Berücksichtigung von unterschiedlichen Ausprägungen der situativen Faktoren geeignet sind.

Damit ist die Basis gelegt, um das anvisierte Instrument zu entwickeln, welches mit Hilfe einer Gewichtung der einzelnen situativen Faktoren und der inhaltlichen Güte der Bewertungsmethoden einen Vorschlag für die geeignetste Methode ausgibt. Dies wird abschließend an zwei Beispielfällen getestet, um die Funktionsweise des Instrumentes nachzuweisen. Der Beitrag endet mit einer Zusammenfassung der Ergebnisse und einem Ausblick zur Weiterentwicklung des Instrumentes.

2 Studienlage: Status quo von Nachhaltigkeit, Merger & Acquisitions und Bewertungen

Im Folgenden soll anhand von empirischen Analysen gezeigt werden, welche Bedeutung die Nachhaltigkeitsleistung allgemein und insbesondere im Rahmen von Akquisitionen hat und ob und wie diese bei der Bewertung einbezogen wird.

2.1 Relevanz und Wirkung der Nachhaltigkeit

Grundsätzlich kann bei Investitionen beobachtet werden, dass nachhaltige Anlagemöglichkeiten immer mehr in den Fokus rücken:

- In den USA ist ein rapider **Anstieg** der **nachhaltigkeitsorientierten Investitionen** über die zwei letzten Dekaden von 0,5 Billionen USD 1995 auf 17 Billionen USD im Jahr 2020 zu verzeichnen.[6]
- Bei einer Befragung durch das Investopedia Team (2021) wurde festgestellt, dass 58 % der Teilnehmer in 2020 ein gesteigertes Interesse an Investitionen im ESG-Bereich haben.[7]

In der Vergangenheit wurden außerdem eine Reihe von empirischen Analysen durchgeführt, welche größtenteils auf **Datenbankauswertungen** (lediglich eine Studie setzte zusätzlich eine Inhaltsanalyse ein[8]) beruhen und untersuchten, wie relevant die Nachhaltigkeit bei der Bewertung von Unternehmen ist. Dazu werden die aktuellsten 23 Studien, im Folgenden geordnet nach ihrem **Erscheinungsjahr**, vorgestellt, um abschließend die Erkenntnisse zusammengefasst herauszuarbeiten:

1. Eisenbach, S. et al. (2011) zeigen anhand von 337 Fällen für den Industriebereich der **erneuerbaren Energien**,[9] dass während der Zeit zwischen 2000 – 2009[10] **signifikante** (abnormale) **Kurssteigerungen** auf Basis einer solchen Transaktion durch den Käufer erzielt werden konnten.[11] In einer tieferen Analyse stellten sie eine **negative Korrelation** bezüglich der **Käufergröße**[12] und dem **Kurs-Buchwert-Verhältnis** in Bezug auf die Renditen (Kurssteigerungen) aus der Akquisition fest.[13] Kaufende Unternehmen,

---

[6]   Vgl. Chen, R. L. (2021): S. 6.
[7]   Vgl. Investopedia Team (2021).
[8]   Siehe Hart, O./ Zingales, L. (2017).
[9]   Vgl. Eisenbach, S. et al. (2011): S. 81.
[10] Vgl. Eisenbach, S. et al. (2011): S. 83 f.
[11] Vgl. Eisenbach, S. et al. (2011): S. 85.
[12] Vgl. Eisenbach, S. et al. (2011): S. 89.
[13] Vgl. Eisenbach, S. et al. (2011): S. 90.

welche von außerhalb der Branche kommen, haben eine deutlich erhöhte Wahrscheinlichkeit, positive Renditen aus einer Transaktion im untersuchten Bereich zu erzielen.[14]

2. Aktas, N./ Bodt, E. de/ Cousin, J.-G. (2011) stellen in einer international angelegten Studie für die Jahre 1997 – 2007 fest,[15] dass bei den 106 analysierten Transaktionen die **Wertsteigerungen** beim kaufenden Unternehmen direkt nach der Verkündigung der Transaktion substantiell höher sind, wenn das **Zielunternehmen niedrige Nachhaltigkeitsrisiken** aufweist.[16] Dies konnte auch isoliert für die Umwelt- und Sozialrisiken nachgewiesen werden.[17]

3. Flammer, C. (2013) führte eine Ereignisstudie für die Jahre 1980-2009 durch.[18] Sie analysierte dabei 273 Unternehmensmeldungen zu **umweltrelevanten Ereignissen** bei US-amerikanischen börsennotierten Unternehmen.[19] Dabei zeigte sie zum einen, dass **positive Meldungen** zu umweltrelevanten Ereignissen **signifikante Kursanstiege** (ø=+0,84 %) zur Folge hatten und umgekehrt **negative Meldungen signifikante Reduktionen** (ø=-0,65 %).[20] Zusätzlich zeigte sie, dass die Effektstärke sich im **Zeitverlauf verändert** hat. Positive Umweltereignisse werden über den beobachteten Zeitraum hinweg mit geringeren Kurssteigerungen ‚belohnt' und negative mit deutlicheren Kursabschlägen.[21] Dies wird damit in Verbindung gebracht, dass die Beachtung von Umweltfaktoren zu einer immer größeren **Selbstverständlichkeit** im Laufe der Jahrzehnte geworden ist. Zusätzlich konnte die Erkenntnis gewonnen werden, dass ein hohes Rating in Bezug auf den umweltbezogenen CSR eine Art Versicherung bei umweltschädlichem Verhalten ist. In diesen Fällen ist die Abstrafung des Marktes in Form von Kursabschlägen deutlich geringer.[22]

4. Deng, X./ Kang, J./ Low, B. S. (2013) haben 1.556 erfolgreiche Transaktionen zwischen den Jahren 1992 und 2007 in den USA analysiert.[23] Sie konnten für Käufer mit einem **hohen Nachhaltigkeitswert** höhere Wertsteigerungen feststellen (gemessen an den Wertveränderungen vor und nach Verkündigung der Transaktion).[24]

---

[14] Vgl. Eisenbach, S. et al. (2011): S. 83.
[15] Vgl. Aktas, N./ Bodt, E. de/ Cousin, J.-G. (2011): S. 1755.
[16] Vgl. Aktas, N./ Bodt, E. de/ Cousin, J.-G. (2011): S. 1757.
[17] Vgl. Aktas, N./ Bodt, E. de/ Cousin, J.-G. (2011): S. 1758.
[18] Vgl. Flammer, C. (2013): S. 759.
[19] Vgl. Flammer, C. (2013): S. 764.
[20] Vgl. Flammer, C. (2013): S. 759, 767.
[21] Vgl. Flammer, C. (2013): S. 759, 769.
[22] Vgl. Flammer, C. (2013): S. 759.
[23] Vgl. Deng, X./ Kang, J./ Low, B. S. (2013): S. 89.
[24] Vgl. Deng, X./ Kang, J./ Low, B. S. (2013): S. 94.

Außerdem hatten die kaufenden Unternehmen, die einen niedrigen CSR-Wert hatten, in der Zeit nach der Transaktion **Reduktionen beim Cashflow** zu verzeichnen.[25] Kaufende Unternehmen mit einem hohen CSR-Wert konnten **langfristig höhere Kurssteigerungen** erzielen.[26] Außerdem benötigten die Kaufverhandlungen bei kaufenden Unternehmen, die einen hohen CSR-Wert hatten, weniger Zeit und wurden mit einer höheren Wahrscheinlichkeit finalisiert.[27]

5. Chen, E./ Gavious, I. (2015) führten eine Analyse bei 134 Transaktionen zwischen 2007 und 2012 in Israel durch und differenzieren dabei nach unterschiedlichen Investorengruppen (Kleininvestoren, Großinvestoren und institutionelle Investoren). Sie zeigen, dass die Ankündigung der **Einführung** einer **Nachhaltigkeitsregelung** beim Unternehmen **lediglich** bei den **Kleininvestoren** zu einer höheren Bewertung führt. Die beiden anderen Gruppen sind bei ihrer Bewertung unbeeindruckt von den Nachhaltigkeitsaktivitäten.[28] Schlussfolgerung der Autoren daraus war, dass informierte Investoren den wertbezogenen Vorteilen von Nachhaltigkeitsaktivitäten nicht trauen.[29]

6. Ioannou, I./ Serafeim, G. (2015) haben den Effekt von CSR-Ratings auf **Analystenempfehlungen** recherchiert. Dazu untersuchten sie in einem Zeitraum von 15 Jahren (1993 – 2007) 3.580 Unternehmen,[30] die in den USA börsennotiert sind. Grundannahme war dabei, dass ein **Wandel** der **Analystenurteile** über die Zeit stattgefunden hat, von einer negativen Beurteilung einer **guten CSR-Leistung** hin zu einer **positiven Bewertung**. Hintergrund ist der Wechsel von der Agency- hin zur Stakeholder-Theorie[31] und eine Strategie der Risikomitigation.[32] Diese Hypothese mit Blick auf die Entwicklung konnte über die betrachteten Jahre bestätigt werden.[33] Damit geben sie auch Hinweise, dass das Thema Nachhaltigkeit bei Investitionen in Zukunft ein noch größeres Gewicht erhalten wird.[34] Der Wechsel der Bewertung wurde deutlich früher von erfahrenen Analysten sowie größeren Brokerhäusern vorgenommen.[35]

---

[25] Vgl. Deng, X./ Kang, J./ Low, B. S. (2013): S. 95–98.
[26] Vgl. Deng, X./ Kang, J./ Low, B. S. (2013): S. 99.
[27] Vgl. Deng, X./ Kang, J./ Low, B. S. (2013): S. 100–101.
[28] Vgl. Chen, E./ Gavious, I. (2015): S. 32.
[29] Vgl. Chen, E./ Gavious, I. (2015): S. 33.
[30] Vgl. Ioannou, I./ Serafeim, G. (2015): S. 1061.
[31] Vgl. Ioannou, I./ Serafeim, G. (2015): S. 1058.
[32] Vgl. Ioannou, I./ Serafeim, G. (2015): S. 1054, 1057.
[33] Vgl. Ioannou, I./ Serafeim, G. (2015): S. 1065.
[34] Vgl. Ioannou, I./ Serafeim, G. (2015): S. 1055.
[35] Vgl. Ioannou, I./ Serafeim, G. (2015): S. 1068.

7. Krüger, P. (2015) untersucht die kurzfristige Reaktion auf Nachhaltigkeitsmeldungen (Auswertung von 2.116 Meldungen[36] bei 745 verschiedenen Unternehmen).[37] Bezüglich **negativer Meldungen** stellt er eine signifikant starke **negative Reaktion** fest. Die substantiellen Kosten (gemessen an der Kursreduktion) verbunden mit dem jeweiligen Ereignis waren 76 Mio. USD.[38] Mit Blick auf **positive Ereignisse** konnte eine **leicht negative signifikante Reaktion** des Kapitalmarktes festgestellt werden (deutlich geringer als bei negativen Ereignissen). Daraus wurde geschlossen, dass eine Investition in Nachhaltigkeit nicht automatisch vorteilhaft im Sinne des Shareholder Value ist.[39] Eine tiefergehende Analyse zeigte, dass wenn Investoren die positiven CSR-Aktivitäten nicht auf **Agency-Probleme**[40] (CEOs versuchen sich lediglich als nachhaltig bzw. „grün" darzustellen) zurückgeführt haben, eine **positivere Reaktion** zu beobachten war,[41] genauso wenn diese positiven Meldungen in Verbindung gebracht werden konnten mit negativen Handlungen des Unternehmens in der Vergangenheit, welche durch die aktuellen Aktivitäten ausgeglichen werden sollten.[42] Hier war sogar ein Kursanstieg festzustellen.[43] Bei der durchgeführten Textanalyse wurde festgestellt, dass Eigenkapitalgeber intensiver auf Nachhaltigkeits-Nachrichten reagieren, wenn diese ökonomische oder rechtliche Informationen beinhalten.[44]

8. Ziel der Untersuchung von Khan, M./ Serafeim, G./ Yoon, A. (2016) war die Wertimplikationen von nachhaltigen Investitionen zu analysieren. Sie weisen für 2.396 US-Unternehmen nach,[45] dass materielle Veränderungen[46] bei der **Nachhaltigkeitsbewertung** eine **signifikant höhere Wachstumsrate** beim **Gewinn** nach sich ziehen.[47]

---

[36] Einbezogen wurden Meldungen, die das Wohl einer der Haupt-Stakeholder betreffen (z.B. Gemeinde, Kunden, Umwelt oder Mitarbeiter). Siehe Krüger, P. (2015): S. 306.
[37] Vgl. Krüger, P. (2015): S. 311.
[38] Vgl. Krüger, P. (2015): S. 306, 313.
[39] Vgl. Krüger, P. (2015): S. 305, 313.
[40] Eine höhere Wahrscheinlichkeit für ein Agency-Problem wurde gesehen, wenn bei dem Unternehmen ein hoher Liquiditätsbestand existierte. Siehe Krüger, P. (2015): S. 315.
[41] Einschränkend konnte dieser Effekt nur für Großunternehmen festgestellt werden. Siehe Krüger, P. (2015): S. 318.
[42] Vgl. Krüger, P. (2015): S. 314.
[43] Vgl. Krüger, P. (2015): S. 316 f.
[44] Vgl. Krüger, P. (2015): S. 305, 323 f.
[45] Vgl. Khan, M./ Serafeim, G./ Yoon, A. (2016): S. 1701 f.
[46] Materialität wird dabei festgemacht an der Klassifikation des Sustainability Accounting Standards Board [SASB]. Siehe Khan, M./ Serafeim, G./ Yoon, A. (2016): S. 1700. Alle Sachverhalte, die durch das SASB nicht als materiell eingeordnet werden, wurden in der Studie als immateriell klassifiziert. Vgl. Khan, M./ Serafeim, G./ Yoon, A. (2016): S. 1703.
[47] Vgl. Khan, M./ Serafeim, G./ Yoon, A. (2016): S. 1698, 1710.

9. Die Studie von Salvi, A./ Petruzzella, F./ Giakoumelou, A. (2018) bestätigt, dass Zielunternehmen, die als **ökologisch kategorisiert** werden, den Käufern nach der Akquisition **bessere Finanzergebnisse** (gemessen am ROA) liefern als der Kauf von anderen Unternehmen.[48] Daraus leiten die Autoren eine Verbesserung des Images des kaufenden Unternehmens ab.[49] Einbezogen wurden 84 Transaktionen in den Jahren 2001 bis 2013 in Europa und Nordamerika.[50]

10. Gomes, M./ Marsat, S. (2018) untersuchten, ob und falls ja, welchen Mehrpreis Bietende im Rahmen von Akquisitionen bereit sind, für ein besonders nachhaltiges Unternehmen zu bezahlen. Sie hatten dazu eine weltweite Stichprobe von 588 Transaktionen in den Jahren 2003 – 2014 ausgewertet. Hauptergebnis war, dass die **CSR-Leistung** des gekauften Unternehmens **signifikant positiven Einfluss** auf den Angebotszuschlag[51] hat.[52] Sie erstellten eine Erhöhung der **Kaufprämie** von **5,5 %** pro Punkt erhöhtem ESG-Wert fest.[53] Bei einer Differenzierung der Nachhaltigkeit in soziale und ökologische Aspekte wurde festgestellt, dass die ökologische Nachhaltigkeit sowohl bei innerstaatlichen als auch grenzüberschreitenden Transaktionen einen positiven Einfluss hat.[54] Hinsichtlich der sozialen Aspekte gilt dies nur für die grenzüberschreitenden Transaktionen.[55] Erklärungsansatz dafür ist, dass durch hohe soziale Nachhaltigkeitswerte die besonders hohen asymmetrischen Risiken bei grenzüberschreitenden Transaktionen reduziert werden und dies durch den Käufer entsprechend in die Bewertung aufgenommen wird.[56]

11. Bereskin, F. et al. (2018) ermittelten im Zeitraum 1994 bis 2014 auf Basis einer Analyse von 570 abgeschlossenen Transaktionen in den USA, dass eine hohe **Ähnlichkeit** der **CSR-Scores** von Käufer und gekauftem Unternehmen zu folgenden Resultaten führt:[57]

---

[48] Vgl. Salvi, A./ Petruzzella, F./ Giakoumelou, A. (2018): S. 101 f.
[49] Vgl. Salvi, A./ Petruzzella, F./ Giakoumelou, A. (2018): S. 102.
[50] Vgl. Salvi, A./ Petruzzella, F./ Giakoumelou, A. (2018): 98 f.
[51] Gemessen anhand des Vergleiches des Kaufpreises mit dem Börsenkurs, welches das Unternehmen 42 Tage vor Verkündigung der Akquisition hatte. Siehe Gomes, M./ Marsat, S. (2018): S. 73.
[52] Vgl. Gomes, M./ Marsat, S. (2018): S. 72.
[53] Vgl. Gomes, M./ Marsat, S. (2018): S. 75.
[54] Vgl. Gomes, M./ Marsat, S. (2018): S. 72.
[55] Vgl. Gomes, M./ Marsat, S. (2018): S. 76.
[56] Vgl. Gomes, M./ Marsat, S. (2018): S. 71.
[57] Zu konkreten Beispielen des „Cultural Fit" siehe Mirvis, P. H. (2008): S. 113. Der Autor sieht dabei die kulturelle Kompatibilität in Bezug auf CSR als nicht kritisch für den Erfolg.

a. einer **höheren Wahrscheinlichkeit** eines erfolgreichen **Abschlusses** (Anstieg der Wahrscheinlichkeit um 26 %),[58]

b. einer **schnelleren Finalisierung** der Transaktion (18,2 % schneller, zwischen 3-4 Wochen)[59]

c. einer durchschnittlich 3,8 % **höheren operativen Leistung**[60]

12. Li, K./ Khalili, N./ Cheng, W. (2019) haben bei 839 chinesischen Unternehmen zwischen 2006 und 2016 die Effekte von **Nachhaltigkeitsprojekten** auf Basis von Bekanntmachungen untersucht.[61] Sie differenzierten dazu in folgende Projektkategorien: umweltfreundliche Produkte und Verpackung, umweltfreundliche Produktion, Energieeffizienz bei Produktion, Sicherheit und Gesundheit bei der Arbeitsumgebung und Abfallreduktion.[62] Zunächst stellten sie fest, dass sowohl für ökologische als auch soziale Projekte in dem Untersuchungszeitraum ein Anstieg der Initiativen zu verzeichnen war. Für die Umwelt- und Sozialprojekte konnte ein **positiver Einfluss** auf die **Leistung** (gemessen am Gewinn pro Aktie) der Unternehmen festgestellt werden.[63] Bezüglich des **Cashflows** ergab sich für die einzelnen nachhaltigen Aktivitäten ein differenziertes Bild. Lediglich Projekte im Bereich **Energieeffizienz** bei der Produktion und **umweltfreundliche Produktion** hatten einen signifikant **positiven** Effekt auf den Cashflow.[64] Außerdem zeigten die Daten, dass Unternehmen aus Regionen mit schlechten ökonomischen Konditionen in geringerem Maße motiviert sind, ökologische oder soziale Projekte zu starten.[65]

13. Cho, S./ Chung, C./ Young, J. (2019) führten auf Basis des koreanischen Nachhaltigkeitsindizes von 2015[66] eine Untersuchung bei 191 börsennotierten Unternehmen in Südkorea durch. Ziel war, den Zusammenhang zwischen CSR auf der einen Seite, und ROA, Wachstum und Wertsteigerung auf der anderen Seite, festzustellen. Dabei wurden die Nachhaltigkeitskriterien unterteilt in: Zuverlässigkeit, Fairness, Beitrag zu Wohlfahrtseinrichtungen,

---

[58] Vgl. Bereskin, F. et al. (2018): S. 15, 19.
[59] Vgl. Bereskin, F. et al. (2018): S. 19.
[60] Vgl. Bereskin, F. et al. (2018): S. 21.
[61] Vgl. Li, K./ Khalili, N./ Cheng, W. (2019): S. 5.
[62] Vgl. Li, K./ Khalili, N./ Cheng, W. (2019): S. 12 f.
[63] Vgl. Li, K./ Khalili, N./ Cheng, W. (2019): S. 10-12.
[64] Vgl. Li, K./ Khalili, N./ Cheng, W. (2019): S. 13.
[65] Vgl. Li, K./ Khalili, N./ Cheng, W. (2019): S. 9.
[66] Vgl. Cho, S./ Chung, C./ Young, J. (2019): S. 12.

Verbraucherschutz, Umweltschutz und Mitarbeiterzufriedenheit.[67] Bezüglich der Profitabilität gemessen am **ROA** hatte lediglich der **Beitrag** zu **Wohlfahrtseinrichtungen** eine signifikante **positive** Korrelation (CSR kann 16,6 % des ROA erklären).[68] Dieser Beitrag hatte auch einen signifikant positiven Einfluss auf das **Wachstum**, genauso wie die **Zuverlässigkeit** (CSR hat eine Erklärungsstärke von 22,4 % für das Wachstum).[69] Diese beiden Nachhaltigkeitsfaktoren hatten auch eine signifikant positive Korrelation mit der **Wertsteigerung**.[70] CSR konnte 10,0 % der Wertsteigerung (Tobin´s Q) erklären.[71]

14. Arouri, M./ Gomes, M./ Pukthuanthong, K. (2019) führen für 726 Gebote im Rahmen von Merger & Acquisitions [M & A] zwischen den Jahren 2004 und 2016 eine Untersuchung bezüglich des Einflusses des Käufer-CSR auf die Wahrscheinlichkeit der Finalisierung durch.[72] Gemessen wurde dies anhand des „arbitrage spread", d.h. der Differenz zwischen dem Preis der Aktie nach Bekanntgabe der Übernahme und dem finalen Transaktionspreis. Erkenntnis war dabei, dass die **Korrelation** zwischen der **Differenz** und dem **CSR-Score** des Käufers **signifikant negativ** war.[73] Konkret wird der „arbitrage spread" um 1,1 % reduziert pro Einheit, um welche die CSR-Score des Käufers höher ist. Dies sind ca. 30 % des gesamten durchschnittlichen Differenzbetrages.[74] Schlussfolgerung ist, dass ein **hoher CSR-Wert** des Käufers die **Unsicherheit** einer **Finalisierung** aus Sicht des Marktes **reduziert**.[75]

15. Gomes, M. (2019) hat anhand von 608 Transaktionen verteilt über die großen Industrienationen[76] in den Jahren 2003 bis 2014 aufgezeigt, dass die Nachhaltigkeitsleistung eine Rolle bei Akquisitionen spielt. Die **Wahrscheinlichkeit** für ein Unternehmen, **Ziel** einer **Akquisition** zu werden, war deutlich **korreliert** mit dessen **Nachhaltigkeitsleistung**.[77]

16. Zhang, F./ Li, M./ Zhang, M. (2019) führen eine Untersuchung für börsennotierte chinesische Unternehmen in der Periode von 2010

---

[67] Vgl. Cho, S./ Chung, C./ Young, J. (2019): S. 17, 19.
[68] Vgl. Cho, S./ Chung, C./ Young, J. (2019): S. 19.
[69] Vgl. Cho, S./ Chung, C./ Young, J. (2019): S. 16.
[70] Vgl. Cho, S./ Chung, C./ Young, J. (2019): S. 20.
[71] Vgl. Cho, S./ Chung, C./ Young, J. (2019): S. 18.
[72] Vgl. Arouri, M./ Gomes, M./ Pukthuanthong, K. (2019): S. 180.
[73] Vgl. Arouri, M./ Gomes, M./ Pukthuanthong, K. (2019): S. 181.
[74] Vgl. Arouri, M./ Gomes, M./ Pukthuanthong, K. (2019): S. 182.
[75] Vgl. Arouri, M./ Gomes, M./ Pukthuanthong, K. (2019): S. 193.
[76] TOP 3-Nationen: USA (40 %), United Kingdom (17 %) und Australien (16 %). Siehe Gomes, M. (2019): S. 155.
[77] Vgl. Gomes, M. (2019): S. 156.

bis 2017 durch.[78] Insgesamt wurden 317 Transaktionen untersucht.[79] Ziel war zu analysieren, welche Unterschiede zwischen Unternehmen, die einen hohen CSR-Wert und denjenigen, welche einen niedrigen Wert haben, im Rahmen von Akquisitionen bestehen. Ergebnis war, dass die Unternehmen mit einem hohen CSR-Wert eine signifikante höhere Kurssteigerung als diejenigen mit niedrigem CSR-Wert haben. Dies gilt sowohl für den Tag der Ankündigung der Akquisition als auch 15 Tage später.[80] Außerdem stellten sie fest, dass die **Reaktionszeit** bei der Verkündigung einer Akquisition bei den Unternehmen mit **niedrigem CSR** signifikant **länger** (8 Tage) als bei denjenigen mit hohem CSR-Wert (4 Tage) ist.[81]

17. Yen, T.-Y./ André, P. (2019) haben eine Untersuchung in den aufstrebenden Volkswirtschaften (insb. China, Russland, Südkorea und Indien) durchgeführt.[82] Zwischen 2008 und 2014 wurden insgesamt 1.986 Akquisitionen analysiert. Im Fokus stand dabei die Wirkung der Nachhaltigkeits-Performance des Käufers vor der Transaktion auf den Marktwert bei Verkündigung einer Akquisition. Die abnormalen Kurssteigerungen bei Verlautbarung waren grundsätzlich positiv.[83] Bei Käufern mit hohem CSR-Wert waren diese Kurssteigerungen jedoch nur in reduziertem Maße festzustellen, obgleich der Effekt nicht statistisch signifikant ist. Signifikant ist hingegen der Effekt für die CSR-Umweltfaktoren.[84] Ein hoher CSR-Wert des Käufers führt jedoch zu relativ schlechteren operativen Ergebnissen (gemessen an Hand der Cashflow-Rentabilität).[85] Ein weiteres Ergebnis war, dass ein hoher Nachhaltigkeitswert des Käufers sich beim Abschluss von **grenzüberschreitenden Transaktionen positiv** auf die Realisationswahrscheinlichkeit auswirkt.[86]

18. Pettinari, N. (2020) weist in ihrer Analyse von 149 weltweiten Transaktionen[87] zwischen 2010 und 2019[88] nach, dass bei Zielunternehmen mit einem **hohen Nachhaltigkeitsrating** (ESG) eine signifikant **höhere Prämie**[89] bezahlt wird (ESG-Kennwert liefert

---

[78] Vgl. Zhang, F./ Li, M./ Zhang, M. (2019): S. 2, 7.
[79] Vgl. Zhang, F./ Li, M./ Zhang, M. (2019): S. 8.
[80] Vgl. Zhang, F./ Li, M./ Zhang, M. (2019): S. 9.
[81] Vgl. Zhang, F./ Li, M./ Zhang, M. (2019): S. 2, 13.
[82] Vgl. Yen, T.-Y./ André, P. (2019): S. 119.
[83] Vgl. Yen, T.-Y./ André, P. (2019): S. 120.
[84] Vgl. Yen, T.-Y./ André, P. (2019): S. 124.
[85] Vgl. Yen, T.-Y./ André, P. (2019): S. 115, 126 f.
[86] Vgl. Yen, T.-Y./ André, P. (2019): S. 125.
[87] Vgl. Pettinari, N. (2020): S. 43.
[88] Vgl. Pettinari, N. (2020): S. 44.
[89] Die durchschnittliche Prämie lag bei dieser Analyse bei 31 %. Vgl. Pettinari, N. (2020): S. 50.

Erklärung für 73 % der Variation der Prämie)[90] und dass **kaufende Unternehmen** mit einem **schlechten Rating** bereit sind, für gute **Nachhaltigkeitsleistung** des Zielunternehmens deutlich **mehr** zu **bezahlen**.[91]

19. Piperni, C. (2020) hat zwischen 1998 – 2017 in den USA 3.142 Transaktionen von börsennotierten Unternehmen analysiert.[92] Dabei stellt er fest, dass eine signifikant **positive Prämie** für Unternehmen bezahlt wird, die einen **hohen Nachhaltigkeitswert** haben.[93] Einen Nachweis, dass die **Wertsteigerungen** bei Käufern von Unternehmen mit **hohen Nachhaltigkeitswerten** höher ausfallen, kann er **nicht** erbringen.[94] Hinsichtlich der **Ähnlichkeit** der **Nachhaltigkeits-Score** zwischen Käufer und Verkäufer kann er einen positiv signifikanten Effekt bezüglich der kumulativen abnormalen Rendite nachweisen, d.h., dass Investoren hier von einer höheren Ausschöpfung von Synergieeffekten ausgehen.[95]

20. Tampakoudis, I./ Anagnostopoulou, E. (2020) haben bei 100 Transaktionen in Europa zwischen den Jahren 2003-2017 eine Analyse durchgeführt.[96] Wesentliche Ergebnisse waren dabei, dass im Durchschnitt Unternehmen mit einem niedrigeren ESG-Wert gekauft werden (Verhältnis Wert vor Akquisition des Zielunternehmens und des Käufers: 0,972).[97] Außerdem zeigten die Daten, dass die **ESG-Leistung** des **kaufenden** Unternehmens signifikant **ansteigt**, wenn das **Zielunternehmen** einen **höheren ESG-Status** hat. Außerdem **steigt** der **Marktwert** (gemessen mit Tobin's Q)[98] des kaufenden Unternehmens, wenn sich die ESG-Leistung nach der Akquisition verbessert hat.[99] Damit erhalten Käufer mit einem höheren CSR-Bewusstsein bei der Kaufentscheidung eine höhere Rendite.[100]

21. Nguyen, P.-A./ Kecskés, A./ Mansi, S. (2020) analysierten in ihrer Studie auch den Zusammenhang von CSR und dem Unternehmenswert. Grundlage waren dabei börsennotierte US-Unternehmen in den Jahren 1991-2009.[101] Dabei legten sie einen besonderen

[90] Vgl. Pettinari, N. (2020): S. 40, 54, 56.
[91] Vgl. Pettinari, N. (2020): S. 41, 60.
[92] Vgl. Piperni, C. (2020): S. 13, 16.
[93] Vgl. Piperni, C. (2020): S. 18.
[94] Vgl. Piperni, C. (2020): S. 21.
[95] Vgl. Piperni, C. (2020): S. 22.
[96] Vgl. Tampakoudis, I./ Anagnostopoulou, E. (2020): S. 1869.
[97] Vgl. Tampakoudis, I./ Anagnostopoulou, E. (2020): S. 1871.
[98] Vgl. Tampakoudis, I./ Anagnostopoulou, E. (2020): S. 1869.
[99] Vgl. Tampakoudis, I./ Anagnostopoulou, E. (2020): S. 1866 f., 1871.
[100] Vgl. Tampakoudis, I./ Anagnostopoulou, E. (2020): S. 1871.
[101] Vgl. Nguyen, P.-A./ Kecskés, A./ Mansi, S. (2020): S. 4.

Schwerpunkt auf den Einfluss von **Langzeitinvestoren** (gemessen am Investmenthorizont)[102]. Grundsätzlich konnte festgestellt werden, dass ein langfristiger Investitionshorizont signifikant **positiven Einfluss** auf den **CSR-Wert** hat und der CSR-Wert einen **positiven Einfluss** auf das **Verhältnis** von **Marktkapitalisierung** zu **Bilanzwert** des **Eigenkapitals** (pro Standardpunkt beim CSR 4,7 % besseres Verhältnis).[103] Haupt-Hypothese bei der Studie war, dass die Langzeitinvestoren dazu beitragen, dass das Unternehmen CSR-Aktivitäten nur in dem Maße einsetzt, wie diese den Wert des Eigenkapitals maximieren. Dies konnten die Autoren in Bezug auf die Reduktion der **Cashflow-Risiken** bestätigen, welche signifikant **reduziert** wurden.[104] Genauso wurde ein signifikanter Einfluss auf die Gewinn-Volatilität anhand der Daten aufgezeigt (Reduktion um 4,5 % pro Standardpunkt des CSR-Wertes).[105] Diese Reduktion wurde auch bei den Analystenerwartungen antizipiert.[106] Die Wirkungskette von langfristigen Investoren und einem daraus folgenden hohen CSR-Wert konnte einen Schritt weitergeführt werden, nämlich dass dies auch zu einer **höheren Bewertung** an der Börse (ca. 5 %) führt.[107] Dagegen konnten weder ein positiver Zusammenhang zu den Cashflows noch zum Gewinn nachgewiesen werden.[108]

22. Swiatkowski, J./ Frey, F. (2021) legten bei Ihrer Untersuchung von 194 Unternehmenstransaktionen im Zeitraum 2010 bis 2019 in Industrienationen[109] ihren Fokus auf die kulturellen Unterschiede bei den Partnern, welche über die **Differenzen** bei der **ESG-Score** ermittelt wurden.[110] Basis der Berechnung waren kurzfristige Kursveränderungen[111] der involvierten Unternehmen rund um die Verkündung der Transaktion. Dabei konnten für das Zielunternehmen eine **signifikante positive Kurssteigerung** ermittelt werden,[112] welche jedoch signifikant **niedriger** war, wenn zwischen Käufer

---

[102] Vgl. Nguyen, P.-A./ Kecskés, A./ Mansi, S. (2020): S. 4.
[103] Vgl. Nguyen, P.-A./ Kecskés, A./ Mansi, S. (2020): S. 6.
[104] Vgl. Nguyen, P.-A./ Kecskés, A./ Mansi, S. (2020): S. 10, 12.
[105] Vgl. Nguyen, P.-A./ Kecskés, A./ Mansi, S. (2020): S. 14.
[106] Vgl. Nguyen, P.-A./ Kecskés, A./ Mansi, S. (2020): S. 15.
[107] Vgl. Nguyen, P.-A./ Kecskés, A./ Mansi, S. (2020): S. 7.
[108] Vgl. Nguyen, P.-A./ Kecskés, A./ Mansi, S. (2020): S. 17.
[109] Vgl. Swiatkowski, J./ Frey, F. (2021): S. 9 f.
[110] Vgl. Swiatkowski, J./ Frey, F. (2021): S. 7.
[111] Diese werden als „abnormal stock returns" bezeichnet. Siehe Swiatkowski, J./ Frey, F. (2021): S. 12.
[112] Vgl. Swiatkowski, J./ Frey, F. (2021): S. 18.

und zu kaufendem Unternehmen **große Unterschiede** bei den **Unternehmenskulturen** existierten.[113]
23. Ung, T. A./ Urfe, M. N. (2021) haben in ihre Analyse 762 internationale Transaktionen von 2006 bis 2020 einbezogen. Ihr Ergebnis war, dass die **ESG-Leistung** einen **positiven Effekt** auf die bezahlte **Kaufprämie** hatte (Erhöhung ESG-Wert um einen Punkt bewirkt 2,9 % höhere Prämie).[114] Sie analysierten in diesem Zusammenhang auch die einzelnen ESG-Kategorien gesondert und identifizierten die Ressourcennutzung (ein Punkt Erhöhung führt zu 3,1 % erhöhter Prämie), Menschenrechte (ein Punkt führt zu 2,4 %) und Management (ein Punkt führt zu 2,0 %) als besonders wichtige (signifikante Korrelation) Kategorien.[115] Der Effekt auf die Prämie wurde komplett aufgehoben, wenn bei der Transaktion zumindest zu Teilen eine Bezahlung mit Aktien vereinbart wurde. Erklärungsansatz dafür ist, dass auf diesem Weg die durch den Nachhaltigkeitsstatus erwünschte Risikomitigation deutlich an Relevanz eingebüßt hat.[116] Eine weitere Feststellung war, dass gekaufte Unternehmen und Käufer ihren **Nachhaltigkeitswert** durch den Zusammenschluss **erhöhen**, wenn **ein Unternehmen** mit einem **höheren ESG-Score** involviert ist (Käufer im Durchschnitt um 7,1 Punkte, gekauftes Unternehmen ca. 5,0 Punkte, wenn das gekaufte Unternehmen >25 Punkte Differenz aufweist). Damit ist ein Transfer von Nachhaltigkeitsfähigkeiten häufig Bestandteil von Transaktionen.[117]

Tabelle 1 zeigt die Ergebnisse in einer komprimierten Übersicht. Dazu werden die Art der empirischen Untersuchung, die analysierten Jahre, die Region, der Umfang, sowie abschließend die wesentlichen Ergebnisse dargestellt.

---

[113]   Vgl. Swiatkowski, J./ Frey, F. (2021): S. 1, 8, 19, 24.
[114]   Vgl. Ung, T. A./ Urfe, M. N. (2021): S. 30.
[115]   Vgl. Ung, T. A./ Urfe, M. N. (2021): S. 34.
[116]   Vgl. Ung, T. A./ Urfe, M. N. (2021): S. 38.
[117]   Vgl. Ung, T. A./ Urfe, M. N. (2021): S. 40.

#	Autor/-innen	Jahre	Art (Umfrage, Fallstudie, Datenbankauswertung)	Region	N (Umfang)	Hauptergebnis
1	Eisenbach, S. et al. (2011)	2000-2009	Datenbankauswertung (Datastream)	hauptsächlich Europa und Nord-Amerika	337	Akquisitionen von Unternehmen im Bereich erneuerbare Energien: signifikante (abnormale) Kurssteigerungen bei Käufern
2	Aktas, N./ Bodt, E. de/ Cousin, J.-G. (2011)	1997-2007	Datenbankauswertung (Finanzdaten: Thomson Reuters Datastream / Nachhaltigkeitsdaten: Innovest Strategic Value Advisors)	international	106	Wertsteigerungen bei kaufenden Unternehmen nach Verkündigung Transaktion substantiell höher, wenn Zielunternehmen niedrige Nachhaltigkeitsrisiken aufweist kann auch isoliert für die Umwelt- und Sozialrisiken nachgewiesen werden

#	Autor/-innen	Jahre	Art (Umfrage, Fallstudie, Datenbankauswertung)	Region	N (Umfang)	Hauptergebnis
						umweltfreundliche Ereignisse bewirken Kurssteigerungen, umweltschädliche Kursreduktionen
3	Flammer, C. (2013)	1980-2009	Datenbankauswertung (Ereignisse: Wall Street Journal / Marktdaten: Center for Research in Security Prices / Nachhaltigkeit: KLD Index)	USA	273	Effekt wird bei positiven umweltrelevanten Ereignissen über die Zeit schwächer und bei negativen stärker
						hohes umweltbezogenes CSR-Rating wirkt wie eine Versicherung bei negativen Ereignissen und bewirkt deutlich niedrigere Kursabschläge (im Sinne einer Abstrafung)

#	Autor/-innen	Jahre	Art (Umfrage, Fallstudie, Datenbankauswertung)	Re-gion	N (Um-fang)	Hauptergebnis
4	Deng, X./ Kang, J./ Low, B. S. (2013)	1992-2007	Datenbankauswertung (Finanzdaten: Compustat / Nachhaltigkeit: KLD Database)	USA	1.556	höherer Kurssteigerung bei kaufenden Unternehmen, welche hohen Nachhaltigkeitswert haben Käufer mit hohem CSR-Wert konnten nach der Transaktion höhere Cashflows und langfristig höhere Kurssteigerungen erzielen Kaufverhandlungen bei Unternehmen mit hohem CSR-Wert benötigen weniger Zeit und werden mit einer höheren Wahrscheinlichkeit finalisiert

#	Autor/-innen	Jahre	Art (Umfrage, Fallstudie, Datenbankauswertung)	Region	N (Umfang)	Hauptergebnis
5	Chen, E./ Gavious, I. (2015)	2007-2012	Datenbankauswertung (Unternehmen gelistet an Tel Aviv Stock Exchange / Nachhaltigkeit: Maala Ranking of Corporate Social Responsibility)	Israel	134	informierte Investoren weisen hoher Nachhaltigkeitsleistung (festgemacht an der Einführung von Nachhaltigkeitsrichtlinien) keinen höheren monetären Wert zu
6	Ioannou, I./ Serafeim, G. (2015)	1993-2007	Datenbankauswertung (Finanzdaten: Compustat / Nachhaltigkeit: KLD Database)	USA	3.580	Wandel Analystenurteile über die Zeit: zu Beginn negative Beurteilung einer guten CSR-Leistung, im weiteren Verlauf positive Bewertung; erfahrene Analysten und große Brokerhäuser nahmen diesen Wechsel der Bewertung deutlich früher vor

#	Autor/-innen	Jahre	Art (Umfrage, Fallstudie, Datenbankauswertung)	Region	N (Umfang)	Hauptergebnis
7	Krüger, P. (2015)	2001-2007	Datenbankauswertung (KLD Socrates Database / Inhaltsanalyse (@KLD newsletters)	USA	2.116 Ereignisse, 745 verschiedene Unternehmen	negative Meldungen: signifikant starke negative Reaktion, substantiellen Kosten (Kursreduktion): 76 Mio. USD positive Ereignisse: leicht signifikante negative Reaktion, aber wenn Aktivitäten nicht auf Agency-Probleme zurückzuführen sind, dann positivere Reaktion der Investoren, genauso wenn Aktivitäten in Verbindung zu negativen Handlungen der Vergangenheit stehen
8	Khan, M./ Serafeim, G./ Yoon, A. (2016)	1992-2013	Datenbankauswertung (Meldungen: SEC Filings zu ‚Sustainability' / Nachhaltigkeit: MSCI KLD)	USA	2.396	materielle Veränderungen bei Nachhaltigkeitsbewertung bewirken signifikant höhere Wachstumsrate beim Gewinn

#	Autor/-innen	Jahre	Art (Umfrage, Fallstudie, Datenbankauswertung)	Region	N (Umfang)	Hauptergebnis
9	Salvi, A./ Petruzzella, F./ Giakoumelou, A. (2018)	2001-2013	Datenbankauswertung (Transaktionen: Zephyr Bureau van Dijk Database / Finanzdaten: Thomson Reuters Datastream)	Europa / Nordamerika	84	ökologische Transaktionen erzielten langfristig einen besseren ROA
10	Gomes, M./ Marsat, S. (2018)	2003-2014	Datenbankauswertung (Finanzdaten: Datastream Database / Nachhaltigkeitsdaten: Thomson Reuters Asset4)	weltweit	588	CSR-Leistung des gekauften Unternehmens hat signifikant positiven Einfluss auf Angebotszuschlag soziale Leistung hat singulär nur Einfluss bei grenzüberschreitenden Transaktionen

#	Autor/-innen	Jahre	Art (Umfrage, Fallstudie, Datenbankauswertung)	Region	N (Umfang)	Hauptergebnis
11	Bereskin, F. et al. (2018)	1994-2014	Datenbankauswertung (Finanzdaten: Compustat / Börsendaten: Center for Research in Security Prices / Nachhaltigkeit: KLD data)	USA	570	hohe Ähnlichkeit CSR-Score von Käufer und gekauftem Unternehmen führen zu: • höherer Wahrscheinlichkeit eines erfolgreichen Abschlusses • schnellere Finalisierung der Transaktion • durchschnittlich 3,8 % höhere operative Leistung
12	Li, K./ Khalili, N./ Cheng, W. (2019)	2006-2016	Datenbankauswertung / Inhaltsanalyse (China Stock Market & Accounting Research)	China	34.000 Projekte, 839 Unternehmen	Umwelt- und Sozialprojekte haben positiven Einfluss auf Leistung (Gewinn pro Aktie) Projekte „Energieeffizienz bei der Produktion" und „umweltfreundliche Produktion" haben signifikant positiven Effekt auf Cashflow

#	Autor/-innen	Jahre	Art (Umfrage, Fallstudie, Datenbankauswertung)	Region	N (Umfang)	Hauptergebnis
13	Cho, S./ Chung, C./ Young, J. (2019)	2015	Datenbankauswertung (Unternehmensauswahl: KEJI Index / Finanzdaten: TS2000)	Korea	191	• Profitabilität (ROA): „Beitrag zu Wohlfahrtseinrichtungen" hat signifikant positive Korrelation • Wachstum: „Beitrag zu Wohlfahrtseinrichtungen" und „Zuverlässigkeit" haben signifikant positive Korrelation • Wertsteigerung (Tobin´s Q): „Beitrag zu Wohlfahrtseinrichtungen" und „Zuverlässigkeit" haben signifikant positive Korrelation

#	Autor/-innen	Jahre	Art (Umfrage, Fallstudie, Datenbankauswertung)	Region	N (Umfang)	Hauptergebnis
14	Arouri, M./ Gomes, M./ Pukthuanthong, K. (2019)	2004-2016	Datenbankauswertung (Finanzdaten: Thomson Financial's Securities Data Company Platinum Database / Nachhaltigkeit: ASSET4 ESG)	international (45 Länder)	726	Korrelation „arbitrage spread" und Käufer-CSR-Score des Käufers signifikant negativ, Folgerung: hoher CSR-Wert des Käufers reduziert die Unsicherheit der Finalisierung aus Sicht des Marktes
15	Gomes, M. (2019)	2003-2014	Datenbankauswertung (Finanzdaten: Thomson Reuters Financial SDC Platinum Database / Nachhaltigkeit: Thomson Reuters ASSET4)	große Industrienationen	608	Wahrscheinlichkeit für Unternehmen, Ziel einer Akquisition zu werden, korreliert deutlich mit Nachhaltigkeitsleistung

#	Autor/-innen	Jahre	Art (Umfrage, Fallstudie, Datenbankauswertung)	Region	N (Umfang)	Hauptergebnis
16	Zhang, F. / Li, M. / Zhang, M. (2019)	2010-2017	Datenbankauswertung: (Stichprobenauswahl: China Stock Market & Accounting Research / Nachhaltigkeit: Hexun Financial Network)	China	317	Unternehmen mit hohem CSR-Wert haben signifikant höhere Kurssteigerung als diejenigen mit niedrigem CSR-Wert Reaktionszeit bei der Verkündigung einer Akquisition bei Unternehmen mit niedrigem CSR signifikant länger als bei denjenigen mit hohem CSR-Wert

#	Autor/-innen	Jahre	Art (Umfrage, Fallstudie, Datenbankauswertung)	Region	N (Umfang)	Hauptergebnis
17	Yen, T.-Y. / André, P. (2019)	2008-2014	Datenbankauswertung (M & A: Thomson Reuters SDC Platinum / Nachhaltigkeit: Thomson Reuters Corporate □ Responsibility Ratings / Aktienkurse: DataStram Database / Finanzdaten: Thomson Financial Database)	„Emerging markets", insb. China, Russland, Südkorea	1.986 Akquisitionen von 743 Käufern	Käufer mit hohem CSR-Wert haben reduzierte abnormale Kurssteigerungen, signifikant aber nur bei hohen CSR-Umweltwerten. hoher CSR-Wert des Käufers führt zu relativ schlechteren operativen Ergebnissen (Cashflow-Rentabilität)

#	Autor/-innen	Jahre	Art (Umfrage, Fallstudie, Datenbankauswertung)	Region	N (Umfang)	Hauptergebnis
18	Pettinari, N. (2020)	2010-2019	Datenbankauswertung (Transaktionen: Thomson Teuters Eikon / Nachhaltigkeit: ASSET4)	weltweit	149	hoher ESG-Score führt zu höherer Kaufprämie Käufer mit schlechtem ESG-Rating sind bereit, mehr für Kandidaten mit hohem ESG-Rating zu bezahlen

#	Autor/-innen	Jahre	Art (Umfrage, Fallstudie, Datenbankauswertung)	Region	N (Umfang)	Hauptergebnis
						positive Kaufprämie in Verbindung mit hoher Nachhaltigkeitsleistung des akquirierten Unternehmens
19	Piperni, C. (2020)	1998-2017	Datenbankauswertung (Nachhaltigkeit: MSCI ESG KLD Stats)	USA	3.142	keine überhöhte Wertsteigerung nach Abschluss der Transaktion bei Unternehmen mit hohen Nachhaltigkeitswerten
						Ähnlichkeit bei Käufer und Verkäufer hinsichtlich Nachhaltigkeitswerten führt zu einer höheren Einschätzung der zu erreichenden Synergieeffekte durch Investoren

#	Autor/-innen	Jahre	Art (Umfrage, Fallstudie, Datenbankauswertung)	Re-gion	N (Um-fang)	Hauptergebnis
						im Durchschnitt werden Unternehmen mit niedrigerem ESG-Wert gekauft
20	Tampakoudis, I./ Anagnostop-oulou, E. (2020)	2003-2017	Datenbankauswertung (Finanzen: Thomson Reuters / Nachhaltigkeit: Innovest's Intangible Value Assessment ratings)	Europa	100	ESG-Leistung des kaufenden Unternehmens steigt signifikant, wenn Zielunternehmen höheren ESG-Status hat
						Marktwert kaufendes Unternehmen steigt, wenn sich die ESG-Leistung nach Akquisition verbessert hat

#	Autor/-innen	Jahre	Art (Umfrage, Fallstudie, Datenbankauswertung)	Region	N (Umfang)	Hauptergebnis
21	Nguyen, P.-A./ Kecskés, A./ Mansi, S. (2020)	1991- 2009	Datenbankauswertung (Portfolio: Thomson's 13f filings / Börsendaten: CRSP / Finanzen: Compustat / Analysten: „I/B/E/S" / Nachhaltigkeit: KLD)	USA	3.592	langfristiger Investitionshorizont hat positiven Einfluss auf CSR-Wert
						CSR-Wert hat positiven Einfluss auf Verhältnis von Marktkapitalisierung zu Bilanzwert Eigenkapital
						Kombination Langzeitinvestoren und höherer CSR-Wert führt zu Reduktion von Cashflow-Risiken und Gewinn-Volatilität
						hoher CSR-Wert hat keinen positiven Einfluss auf Höhe von Cashflow und Gewinn

#	Autor/-innen	Jahre	Art (Umfrage, Fallstudie, Datenbankauswertung)	Region	N (Umfang)	Hauptergebnis
22	Swiatkowski, J./ Frey, F. (2021)	2010-2019	Datenbankauswertung (Finanzdaten: Standard & Poor's Capital IQ / Nachhaltigkeit: Renitiv Eikon)	USA, Kanada, europäische Industrienationen	194	signifikante positive Kursveränderungen bei Zielunternehmen, welche jedoch signifikant niedriger sind, wenn zwischen Käufer und zu kaufendem Unternehmen große Unterschiede bei den Unternehmenskulturen (festgemacht am CSR-Rating) existieren

#	Autor/-innen	Jahre	Art (Umfrage, Fallstudie, Datenbankauswertung)	Region	N (Umfang)	Hauptergebnis
23	Ung, T. A./ Urfe, M. N. (2021)	2006-2020	Datenbankauswertung (Daten zu Transaktionen: Thomson Reuters Securities Data Company Platinum Database / Finanz- und Nachhaltigkeitsdaten: Refinitiv Eikon)	weltweit	762	ESG-Leistung hat positiven Effekt auf bezahlte Kaufprämie, Ressourcennutzung als besonders relevante Nachhaltigkeitskategorie, d.h. positiver Effekt am stärksten positiver Effekt ESG-Leistung auf Kaufprämie wurde komplett aufgehoben, wenn bei Transaktion zumindest zu Teilen eine Bezahlung mit Aktien vereinbart war

Tabelle 1: Studien zur Relevanz der Nachhaltigkeit bei Akquisitionen

2.2 Einbezug Nachhaltigkeit bei Bewertung / Due Diligence, Verwendung situativer Ansatz

In diesem Unterkapitel werden Studien einbezogen, welche sich mit der Relevanz von Nachhaltigkeit bei der Bewertung und im Due Diligence-Prozess im Rahmen von Akquisitionen beschäftigen. In Befragungen wird immer wieder auf eine **gewachsene Bedeutung** der **Nachhaltigkeit** bei **Akquisitionen** hingewiesen. Im Zuge der Bewertung sind mittlerweile bei der Mehrheit von Transaktionen Nachhaltigkeitskriterien relevant.[118] Deswegen soll in diesem Unterkapitel dargestellt werden, welche Analysen es spezifisch für den Bereich des Akquisitionsprozesses von Unternehmen, also für die Due Diligence gibt. Bezüglich dieses Themengebietes existieren einige Studien. Die aktuellsten acht davon werden hier genauer vorgestellt und analysiert. Diese teilen sich auf in Befragungen, Fallstudien, Inhaltsanalysen und Datenbankauswertungen. Die Studien werden im Folgenden, wieder chronologisch, nach dem Erscheinungsdatum geordnet, zusammenfassend dargestellt:

1. PricewaterhouseCoopers (2012) führte im Jahr 2012 eine Befragung von 16 Managern aus dem Bereich M & A, die für den Nachhaltigkeitseinbezug verantwortlich sind, durch.[119] Die Unternehmen hatten ihre Zentrale in Europa, hauptsächlich im Vereinigten Königreich und zu kleineren Teilen in Kanada und den USA.[120] Dabei konnte festgestellt werden, dass **negative Nachhaltigkeitsfaktoren** die Wahrscheinlichkeit einer **Umsetzung gefährden** können (66 %) oder zumindest eine Wertreduktion erwartet wird (50 %). Die meisten Unternehmen waren jedoch nicht bereit, eine Prämie für besonders gut erfüllte Nachhaltigkeitskriterien zu bezahlen.[121] Der **Einfluss** von **Nachhaltigkeitsfaktoren** ist aus Sicht der Teilnehmer in den letzten drei Jahren bereits **stark angestiegen** (63 %) und wird in den folgenden drei Jahren weiter ansteigen (75 %).[122] **63 %** bezogen immer **Umweltfaktoren** in die Due Diligence mit ein, 44 % soziale Kriterien und 38 % Kriterien zur „Governance". Die Mehrheit gewichtete dabei die einzelnen Faktoren gleich hoch.[123] Die Unternehmen arbeiten daran, einen **standardisierten Einbezug** der **Nachhaltigkeitsfaktoren** in den **Due Diligence Prozess** zu etablieren. Außerdem wurden immer wieder **situative**

---

[118]   Vgl. Hart, O./ Zingales, L. (2017).
[119]   Vgl. PricewaterhouseCoopers (2012): S. 9.
[120]   Vgl. PricewaterhouseCoopers (2012): S. 16.
[121]   Vgl. PricewaterhouseCoopers (2012): S. 15.
[122]   Vgl. PricewaterhouseCoopers (2012): S. 14.
[123]   Vgl. PricewaterhouseCoopers (2012): S. 10.

Vorgehensweisen von den Unternehmen in Abhängigkeit von den Kontextfaktoren genannt.[124]

2. Manocha, P./ Srai, J./ Kumar, M. (2016) haben auf Basis einer Analyse von 60 Zeitschriftenbeiträgen[125] festgestellt, dass im Rahmen der Due Diligence und Bewertung **soziale** und **ökologische** Faktoren in der **Supply Chain** eine **Rolle** spielen können.[126]

3. Bettinazzi, E. L. M./ Zollo, M. (2017) führten anhand von börsennotierten Unternehmen in den USA zwischen 2002 und 2010, welche eine Akquisition abgeschlossen haben,[127] eine Untersuchung durch. Insgesamt wurden dazu 1.884 Akquisitionen analysiert.[128] Dabei ermittelten sie, dass der **Einbezug** von **Stakeholdern** dazu führt, dass Unternehmen **besser abschneiden** (gemessen an den kumulativen abnormalen Kurssteigerungen in den 36 Monaten nach der Transaktion)[129] als diejenigen, welche auf eine Integration von Stakeholdern verzichten.[130] Dabei hatten der Einbezug der Stakeholder-Gruppen **Lieferanten** und **örtliche Gemeinde** einen deutlich größeren Einfluss als die Gruppe der Mitarbeiter.[131]

4. Amel-Zadeh, A./ Serafeim, G. (2018) ermittelten in einer Befragung von 652 Investmentfonds-Manager, dass **82% ESG-Informationen** als **wertrelevant** einschätzen. Hauptgrund war mit deutlichem Abstand, dass die Nachhaltigkeitsinformation **materiell** für die **Performance** der Investition (63,1 %) ist.[132] Dabei wurde als größter Faktor (44,8 %), welcher die Informationsverarbeitung mindert, die oftmals fehlende Vergleichbarkeit der Angaben zwischen den Firmen genannt.[133]

5. Leucht, A./ Rydell, A. (2020) untersuchten fallstudienbasiert den Einbezug von Nachhaltigkeitskriterien bei der Due Diligence im Rahmen von Akquisitionen. Insgesamt wurden 21 Fälle in Schweden und Deutschland auf der Basis von Experteninterviews analysiert. Ergebnis war, dass der Einbezug der Nachhaltigkeit im Rahmen der Due Diligence dazu führen kann, dass der Käufer Risiken und wertsteigernde Bereiche besser identifizieren kann und langfristige Ziele besser erreicht werden können.[134] Wesentliches

---

[124]   Vgl. PricewaterhouseCoopers (2012): S. 10, 11, 12.
[125]   Vgl. Manocha, P./ Srai, J./ Kumar, M. (2016): S. 4.
[126]   Vgl. Manocha, P./ Srai, J./ Kumar, M. (2016): S. 17.
[127]   Vgl. Bettinazzi, E. L. M./ Zollo, M. (2017): S. 2472.
[128]   Vgl. Bettinazzi, E. L. M./ Zollo, M. (2017): S. 2472.
[129]   Vgl. Bettinazzi, E. L. M./ Zollo, M. (2017): S. 2472, 2476.
[130]   Vgl. Bettinazzi, E. L. M./ Zollo, M. (2017): S. 2477.
[131]   Vgl. Bettinazzi, E. L. M./ Zollo, M. (2017): S. 2479.
[132]   Vgl. Amel-Zadeh, A./ Serafeim, G. (2018): S. 91.
[133]   Vgl. Amel-Zadeh, A./ Serafeim, G. (2018): S. 88, 90, 92 f.
[134]   Vgl. Leucht, A./ Rydell, A. (2020): S. 45.

Themenfeld war dabei das **Risiko**. Hinsichtlich der Relevanz der Perspektiven nahm die **Umwelt** den **ersten Platz ein**, Soziales den zweiten und „Governance" den letzten Platz.[135] Sie konstatierten außerdem eine **Zunahme** der **Komplexität** und der **Kosten bei der Due Diligence** durch den Einbezug der Nachhaltigkeit, insbesondere durch die Hinzunahme von externen Experten.[136]

6. Manocha, P./ Srai, J. S. (2020) haben auf Basis einer Fallstudienanalyse[137] festgestellt, dass **Produktdesign** und **technologische Selektionsfaktoren** wichtige **Eingangsdaten** im Rahmen der nachhaltigkeitsorientierten Bewertung von potenziellen Akquisitionen sein sollten.[138]

7. Eine Analyse durch Feng, X. (2021) von 124 weltweiten Akquisitionen[139] zwischen 2000 und 2020 ergab,[140] dass kein Zusammenhang zwischen Nachhaltigkeitsleistung des Zielunternehmens und der späteren Leistung des Käufers (gemessen anhand Return on Assets [**ROA**]) besteht.[141] In einem zweiten Schritt fand eine Differenzierung in Käufer mit hohen und niedrigen ESG-Werten vor der Akquisition statt. Hier konnte festgestellt werden, dass für die Gruppe der Käufer mit hohem ESG-Wert die **Nachhaltigkeitsleistung** des Zielunternehmens einen signifikant positiven Einfluss auf den ROA des Käufers hat. Bei Käufern mit schlechtem ESG-Wert existiert eine negative Korrelation zwischen dem Nachhaltigkeitswert des Zielunternehmens und dem ROA. Die häufige, simple Schlussfolgerung: „Umso höher der ESG-Wert des Zielunternehmens, umso besser" kann auf Basis dieser Ergebnisse nicht aufrechterhalten werden.[142]

8. Chen, R. L. (2021) hat eine Analyse von 341 Transaktionen mit einem Gesamtvolumen von 3,13 Billionen USD auf dem US-amerikanischen Markt[143] zwischen 2007 und 2020 durchgeführt. Einbezogen wurden Transaktionen mit einem jeweiligen Volumen von über 1 Mio. USD.[144] Dabei stellte er fest, dass **Nachhaltigkeitsrisiken** signifikante **Determinanten** der **Transaktionsbewertung**

---

135   Vgl. Leucht, A./ Rydell, A. (2020): S. 43, 48.
136   Vgl. Leucht, A./ Rydell, A. (2020): S. 50.
137   Vgl. Manocha, P./ Srai, J. S. (2020): S. 5.
138   Vgl. Manocha, P./ Srai, J. S. (2020): S. 9.
139   Vgl. Feng, X. (2021): S. 291, 294.
140   Vgl. Feng, X. (2021): S. 288.
141   Vgl. Feng, X. (2021): S. 314.
142   Vgl. Feng, X. (2021): S. 315.
143   Vgl. Chen, R. L. (2021): S. 13, 24.
144   Vgl. Chen, R. L. (2021): S. 22, Banken / Versicherungen und reine Immobilienübertragungen wurden ausgeschlossen.

sind.[145] Die **Umweltrisiken** hatten dabei den **geringsten Einfluss.**[146] In der Analyse von Chen, R. L. (2021) konnten außerdem Indikatoren ermittelt werden, welche darauf hindeuten, dass Unternehmen nach spezifischen Nachhaltigkeitskonstellationen insbesondere mit Blick auf ökologische und soziale Risiken suchen und bereit sind, hier entsprechende Prämien zu bezahlen.[147] Zielsetzung ist also nicht in allen Fällen ein hoher Gesamtwert in Bezug auf die Nachhaltigkeit. Vielmehr ist der Grad der Einheitlichkeit also das Maß der Übereinstimmung mit den individuellen Gewichtungen ein wichtiger Faktor bei der Bewertung.

Tabelle 2 zeigt einen Überblick zu den Studien über die Einbeziehung von Nachhaltigkeit in die Bewertung im Rahmen von M & A.

---

145   Vgl. Chen, R. L. (2021): S. 31.
146   Vgl. Chen, R. L. (2021): S. 33.
147   Vgl. Chen, R. L. (2021): S. 45.

#	Autor/-innen	Jahre	Art (Umfrage, Fallstudie, Datenbankauswertung)	Region	N (Umfang)	Hauptergebnis
1	Pricewater-houseCoopers (2012)	2012	Experteninterviews	haupt-sächlich UK	16	Nachhaltigkeitsfaktoren können Wahrscheinlichkeit einer Umsetzung von Transaktionen gefährden
						Einfluss Nachhaltigkeitsfaktoren in letzten drei Jahren stark angestiegen und weiterer Anstieg erwartet
						standardisierter Einbezug der Nachhaltigkeitsfaktoren in Due Diligence soll in Zukunft umgesetzt werden
						situative Vorgehensweisen in Abhängigkeit von den Kontextfaktoren

#	Autor/-innen	Jahre	Art (Umfrage, Fallstudie, Datenbankauswertung)	Region	N (Umfang)	Hauptergebnis
2	Manocha, P./ Srai, J./ Kumar, M. (2016)	2010-2016	Inhaltsanalyse Artikel	international	60	soziale und ökologische Faktoren bezüglich Supply Chain spielen Rolle bei nachhaltiger Bewertung
3	Bettinazzi, E. L. M./ Zollo, M. (2017)	2002-2010	Datenbankauswertung (Finanzdaten: Compustat Database / Nachhaltigkeit: Thomson Reuters Asset4 Database)	USA	1.884	Einbezug von Stakeholdern führt zu besseren Transaktionsergebnissen (Wertsteigerung); besondere Bedeutung der Lieferanten und örtlichen Gemeinde
4	Amel-Zadeh, A./ Serafeim, G. (2018)	2016	Befragung von Experten im Bereich Investment	USA	652	82% der Experten schätzen ESG-Informationen als wertrelevant ein, Hauptgrund war, dass diese materiell für die Performance der Investition sind

#	Autor/-innen	Jahre	Art (Umfrage, Fallstudie, Datenbankauswertung)	Region	N (Umfang)	Hauptergebnis
5	Leucht, A./ Rydell, A. (2020)	2017-2020	Fallstudien	Schweden und Deutschland	21 Fälle, 9 Experten	Einbezug der Nachhaltigkeit bei Due Diligence führt zu besserer Risikoidentifikation, wertsteigernde Bereiche können besser identifiziert und langfristige Ziele besser erreicht werden Umwelt wichtigster Themenbereich Zunahme der Komplexität und Kosten bei Analyse von Nachhaltigkeit, insbesondere durch die Hinzunahme von externen Experten

#	Autor/-innen	Jahre	Art (Umfrage, Fallstudie, Datenbankauswertung)	Region	N (Umfang)	Hauptergebnis
						kein Zusammenhang zwischen Nachhaltigkeitsleistung von Zielunternehmen und der späteren Leistung des Käufers
7	Feng, X. (2021)	2000-2020	Datenbankauswertung (Finanzdaten: Zephyr Database / Nachhaltigkeit: Thomson Reuters ASSET4 ESG)	weltweit	124	Trennung in Käufer mit hohem / niedrigem ESG-Wert: • Käufer mit hohem ESG-Wert: signifikant positiver Einfluss ESG-Wert des Zielunternehmens auf den ROA des Käufers • Käufer mit schlechtem ESG-Wert: negative Korrelation

#	Autor/-innen	Jahre	Art (Umfrage, Fallstudie, Datenbankauswertung)	Region	N (Umfang)	Hauptergebnis
8	Chen, R. L. (2021)	2007-2020	Datenbankauswertung (Finanzdaten: Capital IQ / Nachhaltigkeit: RepRisk)	USA	341	Nachhaltigkeitsrisiken wesentliche Determinante der Bewertung
						Umweltrisiken haben geringsten Einfluss
						Käufer bewerten abhängig von ihrer spezifischen Situation Nachhaltigkeitsrisiken individuell

Tabelle 2: Studien zur Integration der Nachhaltigkeit in die Bewertung[148]

2.3   Metaanalyse der Studien
2.3.1   Gesamtüberblick

Die analysierten 30 Studien decken die Jahre von 1980 bis 2020 ab. Der Peak ist im Jahr 2006, wie Abbildung 1 zeigt. Insgesamt werden durch die einbezogenen Analysen ca. 26.000 Stichproben bzw. Fälle betrachtet.

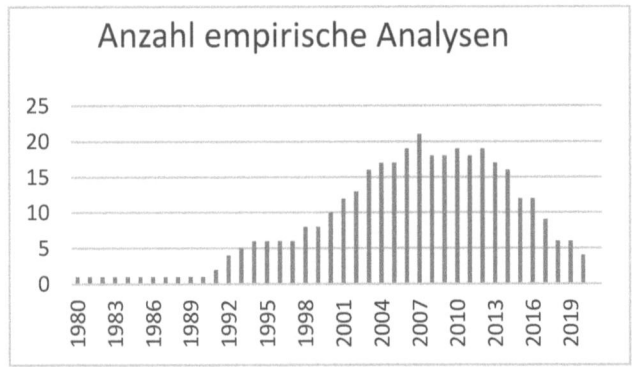

Abbildung 1: Historische Aufteilung der empirischen Analysen zur Nachhaltigkeit

2.3.2   Relevanz und Wirkung der Nachhaltigkeit

Die aggregierte Auswertung der 23 Analysen mit in Summe 22.975 Fällen zum Thema Relevanz und Wirkung der Nachhaltigkeit zeigt, dass Nachhaltigkeit ein **immer relevanteres Thema** geworden ist Die Nachhaltigkeitsorientierung wird von verschiedenen Stakeholdergruppen eingefordert. Dazu gehören mit hoher Intensität die Eigenkapitalgeber, auch weil diese erkennen, dass eine Nachhaltigkeitsorientierung mindestens die **Risikosituation verbessert,** wenn nicht sogar zu **besseren finanziellen Ergebnissen** führt.

Bezüglich der **wirtschaftlichen Größen** haben vorherige Metaanalysen zu großen Teilen konstatiert, dass keine konsistenten Ergebnisse vorliegen würden.[149] Bei der hier vorgenommenen Selektion der aktuellsten Studien kann festgestellt werden, dass eine deutliche Mehrheit (87 %) der Studien positive Effekte auf den Unternehmenswert, Gewinn und Cashflow zum Ergebnis hat.

---

[149]   Vgl. Fatemi, A./ Fooladi, I./ Tehranian, H. (2015): S. 183 und Krüger, P. (2015): S. 304. Margolis, J. D./ Elfenbein, H. A./ Walsh, J. P. (2009) haben in einer Meta-Studie von 214 Untersuchungen, die von 1972 bis 2007 veröffentlicht wurden, einen leicht positiven Effekt (r=0,133) zwischen Nachhaltigkeitsaktivitäten und finanzieller Performance feststellen können. Siehe Margolis, J. D./ Elfenbein, H. A./ Walsh, J. P. (2009): S. 5, 15 Insgesamt hatten 59 % der Studien einen nicht-signifikanten Zusammenhang, 28 % einen positiven und 2 % einen negativen. Siehe Margolis, J. D./ Elfenbein, H. A./ Walsh, J. P. (2009): S. 21.

Einen negativen oder keinen feststellbaren Effekt aus einer Nachhaltigkeits-orientierung auf die ökonomischen Leistungs-Kennzahlen haben lediglich drei Studien konstatiert. Diese Feststellung bezog sich lediglich auf Teilbereiche der Messgrößen.

Zusammenfassungen der Studienergebnisse zur Wirkung der Nachhaltigkeit finden sich in Tabelle 3. Die positive Wirkung von ökologischen und sozialen Aktivitäten gilt auch oder sogar in besonderem Maße für Akquisitionen, welche, insofern sie nachhaltig sind, Wertsteigerungen kurz- und langfristig herbeiführen können und auch in der Lage sind, die Übertragung eines positiven Nachhaltigkeitsimages zu ermöglichen. Neben dem Image wird im Zusammenhang mit Akquisitionen auch nachgewiesen, dass die Informationsasymmetrien bei nachhaltigen Unternehmen (Käufer versus Verkäufer) geringer sind.

#	untersuchter Effekt	Anzahl Studien
1	positiver Effekt Unternehmenswert	14
2	positiver Effekt Gewinn	5
3	positiver Effekt Cash-Flow	3
4	positiver Effekt Wachstum	1
5	höhere Wahrscheinlichkeit Ziel Akquisition	1
	INSGESAMT: positiver Effekt	**20**
6	kein Effekt	1
7	negativer Effekt	2
8	Käufervorteil	4
	Gesamt	**23**

Tabelle 3: Zusammengefasste Ergebnisse zur Relevanz und Wirkung der Nachhaltigkeit

2.3.3 Einbezug Nachhaltigkeit bei Bewertung / Due Diligence

Zur Untersuchung des Bereichs, inwieweit Nachhaltigkeitskriterien vermehrt oder überhaupt einbezogen werden, wurden acht Studien mit insgesamt ca. 3.100 Fällen zusammengefasst.

Bei der Bewertung bzw. als K.-o.-Kriterien haben Nachhaltigkeitsfaktoren aufgrund der nachgewiesenen Bedeutung für die finanzielle Entwicklung einer Transaktion eine immer weiter **steigende Bedeutung** erhalten.[150] Der Einbezug der nachhaltigen Faktoren gilt auch für einzelne **Funktionsbereiche**, wie die Supply Chain oder auch für Kriterien wie das **Produkt** oder die angewendeten **Technologien**. Zu Teilen wurde aufgezeigt, dass eine **situative Herangehensweise** der in der Praxis übliche Ansatz bei der Nachhaltigkeitsbewertung ist.[151] In diesem Zusammenhang ist es sinnvoll, die **Stakeholder** bezüglich der **Gewichtung** der einzelnen Bereiche einzubeziehen. Auch ist

---

[150] Drei Studien zeigen erhöhte Relevanz: Manocha, P./ Srai, J./ Kumar, M. (2016), Amel-Zadeh, A./ Serafeim, G. (2018) und Feng, X. (2021).
[151] Siehe PricewaterhouseCoopers (2012): S. 10, 11, 12.

aus wirtschaftlicher Sicht die **eigene Nachhaltigkeits-Situation** bei der Selektion bzw. Bewertung des Zielunternehmens zu berücksichtigen.

Mit Blick auf die **Relevanz** der **Perspektiven** konnte **kein einheitliches Bild** ermittelt werden. Sowohl der ökologischen[152] als auch andere Kategorien (insb. sozialen)[153] wurde die höchste Wichtigkeit zugeordnet.

Tabelle 4 zeigt eine Zusammenfassung der Ergebnisse zum Einbezug der Nachhaltigkeit bei der Bewertung.

#	untersuchter Effekt	Anzahl Studien
1	Nachhaltigkeitsfaktoren relevant bei Bewertung	3
2	Erhöhung Wahrscheinlichkeit Transaktion	1
3	Einfluss Nachhaltigkeitsfaktoren gestiegen	1
4	positive Wirkung Wert	3
5	kein Effekt	1

Tabelle 4: Zusammengefasste Ergebnisse Einbezug Nachhaltigkeit bei Bewertung / Due Diligence

2.4 Kritische Betrachtung der empirischen Nachhaltigkeitsforschung

Problematisch beim Vergleich der verschiedenen Studien sind die verwendeten **Indikatoren** und Maßzahlen für Nachhaltigkeit. Diese **variieren** teilweise relativ breit von spezifischen Einzeldimensionen wie Philanthropie oder Umweltverschmutzung bis hin zu komplexen multivariaten Konstrukten.[154]

Auch bei der Wirkungsgröße, also größtenteils den **Finanzkennzahlen**, existiert ein **ausgedehntes Spektrum.**[155] Die Hauptdifferenzierung sind marktbezogene versus rechnungswesenbezogene Größen.

---

[152]   Siehe Leucht, A./ Rydell, A. (2020): 43, 48 und PricewaterhouseCoopers (2012): S. 10.
[153]   Siehe l. Chen, R. L. (2021): S. 33.
[154]   Vgl. Margolis, J. D./ Elfenbein, H. A./ Walsh, J. P. (2009): S. 8.
[155]   Vgl. Margolis, J. D./ Elfenbein, H. A./ Walsh, J. P. (2009): S. 12.

Ein weiterer Kritikpunkt an den Meta-Studien ist der **Bias**, der bei der Auswahl der Studien seitens des durchführenden Wissenschaftlers auftreten kann. Dieser Auswahlfehler entsteht auch, da statistisch signifikante Ergebnisse mit einer höheren Wahrscheinlichkeit veröffentlicht werden.[156]

Bei den **Ereignisstudien** wird ein zu großes **Fenster** rund um das relevante Ereignis als kritisch angesehen. Dies wurde in den Studien dadurch vermieden, dass relativ enge Zeiträume definiert wurden oder zusätzlich ausgewertet wurde, inwiefern bei der Wahl eines anderen Zeitraums (z. B. +/- 14 Tage statt +/- 7 Tage) sich das Ergebnis verändert.[157] Deutlich relevanter ist die Kritik hinsichtlich der Kontrolle von **weiteren beeinträchtigenden Ereignissen**, welche das Ergebnis verfälschen könnten.[158] In diesem Fall kann die Detektion sehr schwierig bis unmöglich sein, gerade wenn die Zeitpunkte weit in der Vergangenheit liegen und große Fallzahlen einbezogen werden sollen.

Ein Mangel, der auch für diese Meta-Studie gilt, sind die **Einschränkungen** bzw. **Konzentrationen** bei dem verwendenden Pool von **Unternehmen** über alle einbezogenen Studien hinweg. Dabei kann ein ganz klarer Fokus auf US-Großunternehmen festgestellt werden.[159] An sich ist eine Grundannahme der Metaanalyse, dass unabhängige Stichproben existieren. In der durchgeführten Metaanalyse waren bei 22 der 31 Analysen (71 %) zumindest partiell US-amerikanische Unternehmen enthalten.

---

[156]   Vgl. Margolis, J. D./ Elfenbein, H. A./ Walsh, J. P. (2009): S. 21 f.
[157]   Vgl. Margolis, J. D./ Elfenbein, H. A./ Walsh, J. P. (2009): S. 17.
[158]   Vgl. Margolis, J. D./ Elfenbein, H. A./ Walsh, J. P. (2009): S. 17.
[159]   Vgl. Margolis, J. D./ Elfenbein, H. A./ Walsh, J. P. (2009): S. 33.

3 Methoden zur Nachhaltigkeitsbewertung

Die Methoden zur Nachhaltigkeitsbewertung haben die Zielsetzung, die Investitionsentscheidung belastbar und qualifiziert zu unterstützen. Daraus ergeben sich folgende Anforderungen: Bezug zu Nachhaltigkeitszielen, Erfassung der ökonomischen Potenziale und entscheidungsorientierte Aufbereitung aus Sicht des Investierenden.[160]

3.1 Nachhaltigkeitsdefinition

Nachhaltigkeit (engl.: ‚sustainability') ist eine globale Strategie zur nachhaltigen Gestaltung der Wirkung von unternehmerischem Handeln auf Ökonomie, Ökologie und Gesellschaft. Die existierenden Definition sind sehr vage[161] und basierend auf einem gewissens bzw. verantwortungsethischen Ansatz: „Eine nachhaltige Entwicklung ist eine Entwicklung, welche den Bedürfnissen der heutigen Generation entspricht, ohne die Möglichkeiten künftiger Generationen zu gefährden, ihre eigenen Bedürfnisse zu befriedigen."[162] Auf diese Weise wird eine Kapitalerhaltung gefordert, welche für das ökonomische Kapitel schon immer selbstverständlich war und nun auf das ökologische und soziale Kapital angewendet wird.[163] Damit ist **Zukunftsfähigkeit** (intergenerative Gerechtigkeit) wesentliches Merkmal der Nachhaltigkeit und wird teilweise mit dieser sogar gleichgesetzt.[164] Wichtig ist jedoch auch die **Gegenwart**, für die ein gerechter Ausgleich zwischen den Bedürfnissen innerhalb einer Generation gefordert wird. Dies betrifft Länder, Bevölkerungsschichten, Altersgruppen und Geschlechter (intragenerative Gerechtigkeit).[165] Grundsätzlich muss Nachhaltigkeit im Sinne eines hermeneutischen Zirkels verstanden werde, bei dem Festschreibungen lediglich temporär sind.[166]

Die Nachhaltigkeit dient somit als **Kompass** und gibt nicht die Mittel zur Umsetzung vor. Sie ist ein Beurteilungskriterium und keine Handlungsregel.[167] Bezüglich der Substantiierung der Nachhaltigkeit hat sich, abgeleitet aus der

---

[160] Vgl. Weber, F. M. (2022): S. 451.
[161] Vgl. Biel, A. (2013): S. 20.
[162] Brundtland, G. H. (1987): S. 8. Im Hinblick auf die Supply Chain definieren Pagell, M./ Wu Zhaohui (2009) die Nachhaltigkeit folgendermaßen: „To be truly sustainable a supply chain would at worst do no net harm to natural or social systems while still producing a profit over an extended period of time". Pagell, M./ Wu Zhaohui (2009): S. 38. Zur Relevanz der Supply Chain im Bereich der Nachhaltigkeit siehe Jonen, A. (2023): S. 129 - 133 und 142-146.
[163] Vgl. Gminderm, C. U. et al. (2002): S. 96.
[164] Vgl. Schwarzmaier, U. (2013): S. 31.
[165] Vgl. Diebecker, J./ Rose, C./ Sommer, F. (2021): S. 13.
[166] Vgl. Grunwald, A. (2020): S. 27.
[167] Vgl. Grunwald, A. (2020): S. 24.

bedürfnisorientierten Definition, eine Säulendarstellung etabliert, mit Hilfe derer die Kernelemente dargestellt werden. Diese beinhalten die ökologische, die soziale und die ökonomische Dimension:

- Die **ökologische Nachhaltigkeit** hat die Zielsetzung des Erhalts von knappen Ressourcen für zukünftige Generationen und die Minimierung von Umweltbelastungen.[168] Dazu zählen unter anderem der Klimaschutz, der Erhalt der Biodiversität und der Einsatz erneuerbarer Energiequellen. Neben den Ressourcen spielen die Senken (Schädigungsemissionen) eine gleichermaßen bedeutende Rolle.[169] Diese ökologischen Sachverhalte stehen häufig im Mittelpunkt der öffentlichen Nachhaltigkeitsdiskussion[170] und der wissenschaftlichen Auseinandersetzung.[171]

- **Soziale Nachhaltigkeit** oder auch soziale Verträglichkeit[172] hat einen primären Fokus auf die Menschenwürde. Sie bezieht sich auf die Mitarbeiter und die Umgebung. Auf diese Weise stehen das Humankapital mit Aspekten wie Fähigkeiten, Motivation oder Loyalität, sowie das gesellschaftliche Kapital mit Aspekten wie Qualität von Institutionen wie Schulen, Gesundheitswesen oder kulturellen Institutionen im Vordergrund.[173] Der heutige soziale Standard soll als Minimum für künftige Generationen erhalten bleiben.[174]

- Die **ökonomische** Nachhaltigkeit beinhaltet die Entwicklung eines dauerhaft tragfähigen Geschäftsmodells, welches die langfristige Existenzsicherung gewährleisten kann und damit den Erhalt des Kapitalstocks.[175] Konkret sind hier Aktivitäten gefordert, die ein von der Organisation verkraftbares Wachstum fördern, sowie die Fähigkeit, sich anzupassen und Innovationen zu entwickeln.[176] Die ökonomische Säule wird in der Nachhaltigkeitsforschung und auch in den politischen Diskussionen rund um die Nachhaltigkeit eher vernachlässigt. Dies ist auch erkennbar daran, dass eine Vielzahl von

---

[168] Vgl. Schwarzmaier, U. (2013): S. 31.
[169] Vgl. Gminderm, C. U. et al. (2002): S. 97 und Ludin, D./ Wellbrock, W. (2019): S. 7.
[170] Vgl. Wömpener, A./ Bernatzky, S. (2013): S. 210. Dieses Übergewicht der ökologischen Dimension konnten Schaltegger, S. et al. (2007) auch in Bezug auf Systeme/Konzepte und Instrumente identifizieren. Siehe Schaltegger, S. et al. (2007): S. 19.
[171] Vgl. Beske-Janssen, P./ Schaltegger, S./ Liedke, S. (2019): S. 355.
[172] Vgl. Janz, O./ Dallmann, L. (2020): S. 5.
[173] Vgl. Gminderm, C. U. et al. (2002): S. 98.
[174] Vgl. Walther, F./ Hein, C./ Wellbrock, W. (2019): S. 273.
[175] Vgl. Walther, F./ Hein, C./ Wellbrock, W. (2019): S. 272.
[176] Vgl. Wömpener, A./ Bernatzky, S. (2013): S. 211.

Nachhaltigkeitskonzepten den Bereich der ökonomischen Nachhaltigkeit nicht oder nur indirekt mit einbeziehen.[177]

Zur **Gewichtung** der drei **Dimensionen** existieren unterschiedliche Ansätze. Ein wesentliches Ziel und die größte Herausforderung ist die Integration der drei Bereiche.[178] Häufig kann beobachtet werden, dass Aktivitäten in den nichtökonomischen Dimensionen mit positiven Beiträgen für die ökonomische Dimension begründet werden und somit nicht durch ein ethisch abgeleitetes Selbstverständnis.[179] Diese Umsetzung des Nachhaltigkeitskonzeptes wird als „schwache Nachhaltigkeit" bezeichnet.[180] Angestrebt wird ein simultanes Erreichen der ökologischen, sozialen und ökonomischen Ziele. Diese Herangehensweise wird als ‚Triple-Bottom-Ansatz' bezeichnet und mit den englischen Begrifflichkeiten ‚Profit' (Ökonomie), ‚Planet', (Ökologie) und ‚People' (Soziales) wie in Abbildung 2 dargestellt.

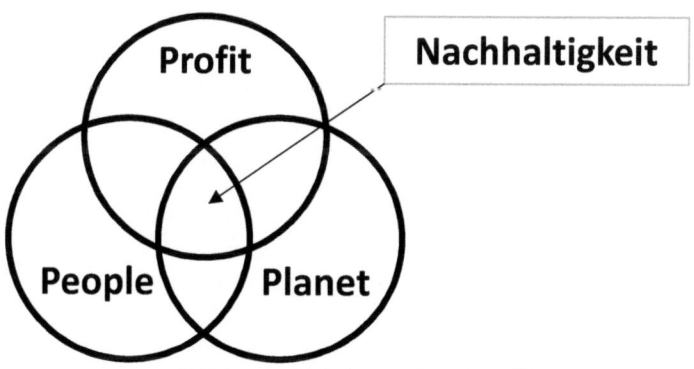

Abbildung 2: Triple-Bottom-Line-Ansatz[181]

Dabei wird die Nachhaltigkeit üblicherweise nicht als ein partikularer Wert verstanden, sondern als ein übergeordnetes **Prinzip**, das uneingeschränkt erstrebenswert ist.[182]

[177]   Vgl. Corbo, C./ Lamastra, L./ Capri, E. (2014): S. 2144.
[178]   Vgl. Schaltegger, S. et al. (2007): S. 14, 17 ,74.
[179]   Siehe Georg, J./ Ströhm, C. H. (2012): S. 252, Lieberum, J. (1999): S. 240, Schwarzmaier, U. (2013): S. 32ff. und Gold, S./ Seuring, S./ Beske, P. (2010) welche im Rahmen einer breiten Literaturanalyse zu dem Erebnis kamen, dass „the financial necessity dictates to all companies that environmental and social issues are adequately arranges with economic viability". Gold, S./ Seuring, S./ Beske, P. (2010): S. 237.
[180]   Für Ansätze der Ausgestaltung der schwachen Nachhaltigkeit siehe Fröhlich, E./ Buchta, C./ Malilo, N. (2015): S. 61.
[181]   In Anlehnung an Elkington, J. (2002): S. 69–96.
[182]   Vgl. Hirata, J. (2015): S. 91f., Göbel, E. (2020): S. 54 und Göbel, E. (2017): S. 65.

Leitlinien der nachhaltigen Entwicklung sind:[183]

- **Konsistenz / Resilienz**: Eigenschaft eines Systems, einen gewünschten Zustand aufrechtzuerhalten bzw. diesen nach einer Störung wieder einzunehmen
- **Effizienz**: Optimierung des Verhältnisses von Aufwand und Ertrag
- **Suffizienz**: Maß des Genügens bestimmter Güter und Zustände (Handlungsebene ist die Gesellschaft)[184]

Bei Betrachtung der Nachhaltigkeit auf der Ebene von Unternehmen ist der **Referenzpunkt** relevant, d.h. ob die Nachhaltigkeitswirkung der Unternehmenstätigkeiten betrachtet wird oder der Beitrag zur Lösung von Nachhaltigkeitsproblemen der Gesellschaft. Bei ersterem sind die Maßnahmen primär auf der Unternehmensebene (Optimierung Öko- und Sozioeffizienz) angesiedelt und im zweiten Fall auf übergeordneter Ebene (transformative Maßnahmen).[185] Für Unternehmen steht zunächst die Nachhaltigkeitswirkung aus der eigenen Tätigkeit im Vordergrund.[186]

Kritisch an der Nachhaltigkeit wird deren **Inhaltsleere** bzw. abgemildert **Unbestimmtheit** angesehen. Dadurch können sich gegensätzliche Positionen simultan auf Nachhaltigkeit berufen.[187] Das Bild der Säulen, welches besonders im deutschsprachigen Raum verwendet wird, ist verschiedenerlei Kritik ausgesetzt. In besonderem Maße wird die sektorale Trennung der Bereiche als sachlich unzutreffend angeprangert und sogar als Ursache von Nachhaltigkeitsproblemen gesehen. So suggeriert das Modell eine Gleichrangigkeit der drei Säulen, womit nicht berücksichtigt wird, dass der Umwelt eine Grundfunktion zukommt.[188] Das integrierende Nachhaltigkeitsdreieck soll eine differenzierte Darstellung der Nachhaltigkeitsausrichtung ermöglichen. Dazu werden die Beziehungsstrukturen zwischen den Ebenen aufgenommen. Eine komplette Integration liegt in der Mitte des in Abbildung 3 dargestellten Dreiecks vor.[189]

---

[183]   Vgl. Potthast, T./ Kröber, B. (2020).
[184]   Vgl. Gminderm, C. U. et al. (2002): S. 105.
[185]   Vgl. Gminderm, C. U. et al. (2002): S. 101 und Theuvsen, L. et al. (2015): S. 30.
[186]   Vgl. Gminderm, C. U. et al. (2002): S. 102.
[187]   Vgl. Grunwald, A. (2020): S. 22 und Gminderm, C. U. et al. (2002): S. 99.
[188]   Vgl. Potthast, T./ Kröber, B. (2020): S. 260f.
[189]   Vgl. Kleine, A. (2009): S. 83 f.

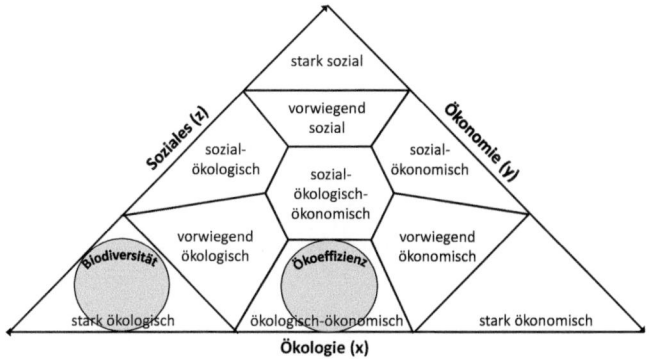

Abbildung 3: Integrierendes Nachhaltigkeitsdreieck[190]

Im Unternehmensbereich bzw. im betrieblichen Kontext wird die **Corporate Social Responsibility** [CSR] als Konzept zur Umsetzung von Nachhaltigkeit angewendet.[191] Hierbei handelt es sich um einen ganzheitlichen und strategischen Managementansatz,[192] dessen oberstes Prinzip die Verantwortungsübernahme des Unternehmens für seine Entscheidungen und Handlungen in Bezug auf Gesellschaft und Umwelt ist.[193] Da aus Sicht der Politik bei der Gesamtheit der Unternehmen die Implementierung der Nachhaltigkeit bisher in zu geringem Maße erfolgt ist, werden Gesetze wie das Lieferkettengesetz erlassen. Auf diesem Weg erfolgt eine exogene Motivation, die CSR umzusetzen.[194]

3.2 Auswahl relevanter Methoden

Im Folgenden soll ‚Methode' als Form der Informationsgewinnung und -verarbeitung mittels systematischer Verfahren angesehen werden.[195] Die Messung der Nachhaltigkeitsleistung stellt in ihrer Gesamtheit immer noch eine Herausforderung dar.[196] Zur Durchführung einer Nachhaltigkeitsbewertung sind eine Reihe von Methoden entwickelt worden. Für die weitere Vorgehensweise soll der Fokus auf den relevantesten liegen. Kriterium ist dabei die

190 In Anlehnung an Kleine, A. (2009): S. 84.
191 Vgl. Kiel, T. (2016): S. 76 und Theuvsen, L. et al. (2015): S. 31.
192 Vgl. Schwarzmaier, U. (2013): S. 32.
193 Vgl. Göbel, E. (2017): S. 44.
194 Vgl. Bundesverband Materialwirtschaft, Einkauf und Logistik e.V. (2021): S. 10.
195 Vgl. Jonen, A./ Lingnau, V. (2007): S. 7.
196 Vgl. Diebecker, J./ Rose, C./ Sommer, F. (2021): S. 12.

Rezeption in der wissenschaftlichen Literatur. Deswegen wird eine Selektion über eine Literaturempirie vorgenommen.

3.2.1 Quelldaten

Zunächst werden die Ergebnisse von Pihkola, H. et al. (2016) aus dem SAMT-Projekt (Jahre 2015 bis 2016) herangezogen. Hier wurde bereits eine Evaluation bestehender nachhaltigkeitsorientierter Bewertungsmethoden vorgenommen.[197] In dieser Analyse wurde insbesondere die Relevanz lebenszyklusbasierter sowie integrierter, im Speziellen effizienzorientierter Methoden herausgestellt.[198]

Um ein hohes Maß an Aktualität zu gewährleisten, erfolgte zusätzlich eine quantitativ-deskriptive **Literaturauswertung**, die in der Betriebswirtschafts-lehre als akzeptierte Methode der Sekundärforschung gilt, um eine themenbe-zogene Auswertung der existierenden Wissensstände durchzuführen.[199] Dazu wurde der wissenschaftlich anerkannten Vorgehensweise der Literaturanalyse gefolgt und über eine regelorientierte und formalisierte Recherche eine Aus-wahl der zu analysierenden Beiträge getroffen.[200] Neben der Analyse der Wichtigkeit der im SAMT-Projekt analysierten Methoden lag der Fokus auf der Identifikation möglicher neuer, besonders relevanter Bewertungsmetho-den ab 2016, die in der Studie innerhalb des SAMT-Projekts keine Berück-sichtigung fanden.[201]

Dazu stellten die **Zeitschriften** mit dem **Fokus** auf **Nachhaltigkeitsmanage-ment** die Grundlage der Literaturauswertung dar, da diese zur Veröffentli-chung von Forschungsergebnissen und neuen Ansätzen eher akzeptiert sind als Lehrbücher.[202] Die Auswahl der zu berücksichtigenden wissenschaftli-chen Zeitschriften erfolgte auf Basis des JOURQUAL-Ratings aus dem Jahr 2015, dessen Ergebnisse mit denen aus dem Jahr 2010 übereinstimmten.[203] Aufgrund dieser Selektion sowie des eingeschränkten Zugriffs auf einzelne Artikel setzte sich das Sample aus den Zeitschriften *Business Ethics*

---

[197]   Vgl. Pihkola, H. et al. (2016): S. 10.
[198]   Siehe Anhang A: SAMT-Ranking.
[199]   Vgl. Trapp, R. (2012): S. 76–77 und Becker, W./ Ulrich, P./ Stradtmann, M. (2018): S. 75–78.
[200]   Siehe zu dieser Vorgehensweise auch Trapp, R. (2012): S. 76 und Becker, W./ Ulrich, P./ Stradtmann, M. (2018): S. 75–81.
[201]   Siehe Anhang B: Fachmagazin-Ranking.
[202]   Vgl. Trapp, R. (2012): S. 84, Zühlke, J. P. (2007): S. 87 und Teichert, T./ Talaulicar, T. (2002): S. 410.
[203]   Vgl. Trapp, R. (2012): S. 87–89, Schaltegger, S./ Windolph, S. E./ Harms, D. (2010): S. 28–29, Follert, F. (2020): S. 100–103, Spraul, K. (2017): S. 13–14.

Quarterly, Business Strategy and the Environment, Ecological Economics, Journal of Business Ethics, Journal of Cleaner Production, Journal of Environmental Economics and Management und *Journal of Industrial Ecology* zusammen.[204]

Die **Auswahl** der einzubeziehenden **Artikel** zur Nachhaltigkeitsbewertung ab dem Jahr 2016 bis 2021 erfolgte mit folgender Suchkombination: ("Nachhaltigkeit" OR "Sustainability") AND ("Unternehmensbewertung" OR "Rating" OR "corporate valuation" OR "measurement").[205] Außerdem wurden diese Schlagwörter um den Zusatz ("quantitative" OR "monetary") ergänzt, um den zuvor definierten Anforderungen einer quantitativen bzw. monetären Bewertung gerecht zu werden. Diese Ergebnisse wurden einer weiteren Betrachtung der thematischen Zuordnungen sowie der jeweiligen Zusammenfassungen unterzogen, sodass 46 Artikel als relevant eingestuft wurden, da diese sich mit konkreten Methoden und Instrumenten zur Nachhaltigkeitsbewertung befassen.

Zusätzlich zur SAMT-Studie von Pihkola, H. et al. (2016) und der beschriebenen Literaturanalyse der Zeitschriften (Journale) wurde eine quantitative Literaturauswertung mittels der Anzahl der Suchergebnisse über die Recherche-Fachportale **EconBiz**[206] und **ScienceDirect**[207] durchgeführt. Zielsetzung war es, neben Fachzeitschriften auch Monografien in die Auswertung der Suchergebnisse einzubeziehen und somit einen erweiterten Überblick über die Relevanz der einzelnen Bewertungsmethoden zu geben.

3.2.2 Deskriptive Auswertung der Grundgesamtheit

Insgesamt wurden in der Literaturanalyse 38.896 Treffer analysiert.[208] Der Großteil stammt aus der Datenbank ScienceDirect und der weitaus kleinste Teil aus den ausgewerteten Fachzeitschriften (Journale), wie in Tabelle 5 dargestellt.

---

[204]   Nicht betrachtet aufgrund fehlender Zugriffsmöglichkeiten wurden die Zeitschriften Accounting, Organizations and Society, Business Ethics: A European Review, Corporate Social Responsibility and Environmental Management und Zeitschrift für Wirtschafts- und Unternehmensethik.

[205]   Siehe zu dieser Vorgehensweise auch Becker, W./ Ulrich, P./ Stradtmann, M. (2018): S. 80 f.

[206]   Siehe Anhang C: EconBiz-Ranking.

[207]   Siehe Anhang D: ScienceDirect Ranking.

[208]   Erhebungszeitraum war 12.04.2021 bis 18.04.2021.

	Treffer	Anteil
Journale	86	0,2%
EconBiz	484	1,2%
ScienceDirect	38.326	98,5%
SUMME	**38.896**	**100%**

Tabelle 5: Verteilung Anzahl

Im weiteren Verlauf werden die Nennungen der jeweiligen Quellenart immer relativ zu der in ihr insgesamt angetroffenen Treffer verarbeitet.

Bezüglich der **zeitlichen Verteilung** weisen die drei Quellen, unterschiedliche Ergebnisse auf, wie Abbildung 4 zeigt. ScienceDirect weist einen hoch signifikanten Anstieg der Veröffentlichungsanzahl mit fortschreitender Zeitdauer auf.[209] Dies zeigt auch die Auswertung der Journale zwischen 2016 und 2020, hier ist der Zusammenhang jedoch nicht signifikant.[210] Bei EconBiz ist dagegen ein hoch signifikanter negativer Zusammenhang zwischen Anzahl der Publikationen und dem Jahr zu verzeichnen.[211]

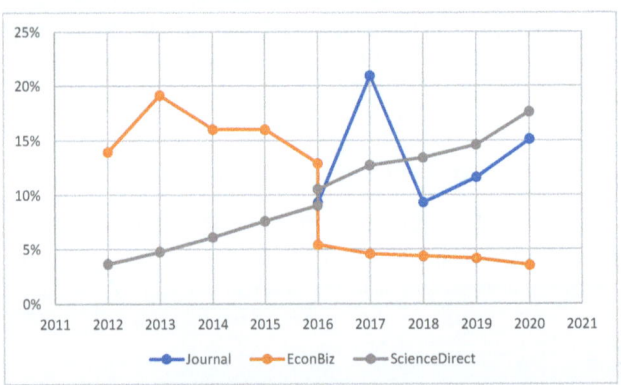

Abbildung 4: Zeitliche Verteilung der Artikel

Außerdem kann aufgezeigt werden, dass einige der in der SAMT-Studie aus dem Jahr 2016 ‚mit hoher Bedeutung' eingestuften Methoden in den darauffolgenden Jahren deutlich an **Relevanz eingebüßt** haben. Dies gilt in

---

[209] Korrelation von 0,99 (Pearson) bei einem p < 0,01.
[210] Korrelation von 0,61 (Pearson).
[211] Korrelation von -0,85 bei einem p < 0,01.

besonderem Maße für die auf Platz drei eingeordnete Methode „Ecodesign", den „Cumulative Engery Demand" und das „Exergetic Life Cycle Assessment". Die abnehmende bzw. überhaupt nicht mehr vorhandene Relevanz wird für diese drei Methoden in Tabelle 6 aufgezeigt.

	SAMT	Journale	EconBiz		ScienceDirect	
	Rang	Nennungen	Nennungen	Rang [212]	Nennungen	Rang [213]
Ecodesign	3/14	0	2	7/9	838	12/19
Cumulative Energy Demand	5/14	0	0		518	13/19
Exergetic Life Cycle Assessment	6/14	0	0		1.239	8/19
Instrument hat hohe Relevanz		*Instrument hat geringe Relevanz*		*Instrument hat keine Relevant*	

Tabelle 6: Bedeutungsreduktion seit 2016

3.2.3 Selektionsmechanismus

Tabelle 7 zeigt das Ranking der Methoden in den ausgewählten vier Quellen. Das Ranking ergibt sich aus der Bewertung (SAMT-Studie aus 2015) bzw. der Häufigkeit der Referenzierung bei den ausgewählten Fachzeitschriften im Bereich Nachhaltigkeit (Journals), und den Datenbanken EconBiz (2011-2021) und ScienceDirect (2011-2021).

---

[212]   X von 9 genannten Instrumenten.
[213]   X von 19 genannten Instrumenten.

	SAMT		Journale		EconBiz		Science-Direct		Gesamt	
	Punkte	Rang	Nennungen (%)	Rang	Nennungen (%)	Rang	Nennungen (%)	Rang	Mittelwert (%)	Rang
Kosten-Nutzen-Analyse	0	15	8	5	61	1	14	3	26	1
Lebens-zyklusana-lyse	9	1	20	1	8	2	23	1	14	2
CO_2-Fuß-abdruck	9	2	6	7	5	5	21	2	11	3
Effi-zienzana-lyse	8	4	19	2	1	8	5	5	6	4
Multi-Kri-terien-Analyse	0	15	15	3	8	3	5	3	6	5
Ökologi-scher Fuß-abdruck	0	15	5	9	7	4	6	4	5	6
Ökonomi-sche Be-wertung	0	15	8	3	4	6	5	7	4	7
Material-Input pro Ser-viceeinheit	7	6	6	7	0	11	4	8	4	8
Sustain-able Value	5	13	7	6	2	7	3	6	4	9

Tabelle 7: Relevante Bewertungsmethoden in der Literatur[214]

Bei der Literaturanalyse wurden jeweils der prozentuale Anteil einer Methode an den **Gesamtnennungen** über den Zeitraum hinweg verwendet.[215] Bei der

SAMT-Studie wurden anstatt der Anzahl der Nennungen die **vergebenen Punkte** verwendet.

In der Tabelle ist der **Rang** in Bezug auf die einzelne Quelle und für alle vier Quellen gemeinsam angegeben. Das kumulierte Ranking (Gesamt-Reihenfolge) basiert auf einer **Mittelwertbildung** der prozentualen Nennungen bzw. Punkte über die vier ausgewählten Quellen. Damit wurde eine Gleichgewichtung der Quellen bei der Relevanzbestimmung angenommen.

Zwischen den Quellen ergab sich eine **signifikante Korrelation** im Hinblick auf das Ranking.[216] Lediglich beim Vergleich der SAMT-Ergebnisse mit den Journals konnte keine Korrelation festgestellt werden, was darauf zurückgeführt werden kann, dass die SAMT-Ergebnissen, mittlerweile zumindest zu Teilen, als veraltet eingestuft werden müssen und die Journal-Untersuchung nur auf die Nennungen nach 2016 bezogen war, wohingegen die EconBiz- und ScienceDirect-Analyse auch die Vorjahre mit einbezogen hat.

Ausgewählt wurden für die weitere Analyse die **TOP 5** des Gesamt-Rankings. Dabei wird die **Kosten-Nutzen-Analyse** in den größeren Zusammenhang der ökonomischen Methoden (Platz 7) eingeordnet und mit einem Schwerpunkt innerhalb dieser betrachtet. Im Rahmen der Vorstellung der Effizienzanalysen wird auch auf den **Sustainable Value-Ansatz [SustV]** eingegangen, welcher eine Unterart der Effizienzanalysen darstellt, aber im Vergleich zu den anderen Methoden der Kategorie diesen in der theoretischen Vorgehensweise überlegen ist.[217]

Diese Bewertungsmethoden werden in den folgenden Abschnitten hinsichtlich der **Informationserfassung, -verarbeitung** sowie dem **Bewertungsergebnis** detailliert betrachtet, um einen Überblick über die unterschiedlichen Ansätze und Vorgehensweisen zu gewinnen.

---

[214]   Für eine detaillierte Darstellung siehe Anhang A: SAMT-Ranking, Anhang B: Fachmagazin-Ranking (Journale), Anhang C: EconBiz-Ranking, Anhang D: ScienceDirect Ranking.

[215]   Die %-Werte ergeben keine 100 %, da in der Tabelle nur die Methoden aufgeführt wurden, welche bei einer der Datenquellen eine relevante Anzahl von Nennungen erhalten haben.

[216]   Korrelation Journale - EconBiz: 0,75, Journale - ScienceDirect: 0,72 und EconBiz - Science-Direct: 0,88, ScienceDirect - SAMT (Bezug waren nur Methoden, die bei SAMT Punkte erhalten hatten): 0,78, jeweils auf dem 0,01-Niveau und EconBiz – SAMT: 0,59 auf dem 0,05-Niveau.

[217]   Vgl. Figge, F./ Hahn, T. (2004a): S. 129 und Saurat, M./ Ritthoff, M.): S. 34.

3.3 Ökonomische Methoden mit besonderer Berücksichtigung der Kosten-Nutzen-Analyse

Zielsetzung der ökonomischen Methoden ist, über die reine Erfassung und Kategorisierung der Auswirkungen von Material- und Stoffströmen hinaus, die **Zuordnung eines monetären Wertes** vorzunehmen.[27] Dabei sollen sowohl interne als auch externe Kosten der gesamten Wertschöpfungskette und damit eine vollständige Übersicht über die Auswirkungen der Unternehmensaktivitäten ermittelt werden.[28] Auf diese Weise soll der Schaden und Nutzen aller drei Nachhaltigkeitsdimensionen miteinander verrechnet werden können[29] und gleichberechtigt in einer Gewinn- und Verlustrechnung bzw. im Rahmen einer Investitionsrechnung,[218] beispielsweise der DCF-Methode, berücksichtigt werden,[32] um die nachhaltigste Alternative auszuweisen. Insbesondere die Kosten-Nutzen-Analyse [KNA] als Bestandteil der ökonomischen Methoden erfährt dabei in der Literatur eine hohe Relevanz.[219] Diese berechnet den Green bzw. Net Value Added, der konkret angibt, ob ein Unternehmen den Schaden aller drei Dimensionen durch den erzielten Nutzen kompensieren kann.[30]

3.3.1 Informationserfassung: Vollständigkeit und Datengrundlage

Zur Ermittlung des monetären Wertes der Nachhaltigkeitsleistung kann eine Vielzahl von Methoden angewandt werden.[220] Zum einen kann die Monetarisierung über die Bestimmung der **Vermeidungskosten** oder die Zahlungsbereitschaft erfolgen, die in der Praxis aufwändig und nicht für alle Auswirkungen durchführbar sind. Zum anderen können **Marktpreise**, wie die Preise für Emissionszertifikate[221] oder von Substitutionsprodukte herangezogen werden.[222] Allerdings kann vor allem der sozialen Leistung bzw. dem sozialen Schaden mithilfe dieser Ansätze nur selten ein monetärer Wert zugeordnet werden, da bereits eine Quantifizierung oft nicht möglich ist, bspw. im Falle eines Einsatzes für Menschenrechte oder der Gesundheitsgefährdung innerhalb der Gesellschaft.[223]

---

[218] Zur Anwendung von Investitionsrechenverfahren siehe Jonen, A./ Harbrücker, U. (2022): 448ff.

[219] Siehe Tabelle 7.

[220] Vgl. Andes, L. et al. (2019): S. 295, Günther, E. (2014): S. 131, Sailer, U. (2020): S. 227.

[221] Vgl. OECD (2012): S. 12.

[222] Vgl. Günther, E. (2014): S. 134, Nertinger, S. (2015): S. 132 und Schwaiger et al. (2018): S. 57.

[223] Vgl. Schwerk, A. (2015): S. 536, Ther, V./ Kehl, K. (2012): S. 42 und Cinelli, M. et al. (2016): S. 280.

Darüber hinaus wird die ökonomische Bewertung oft kritisiert, da neben den Schwierigkeiten, einen adäquaten monetären Wert zu ermitteln, häufig **Bewertungsspielräume** und **regionale Abhängigkeiten** bestehen.[224] Auch in den Studien von Andes et al. 2019 und Schwaiger et al. 2018 werden diese Defizite der Bewertungsmethode besonders betont.[225] Infolgedessen bietet die ökonomische Bewertung **nur eingeschränkt** eine **dreidimensionale Betrachtung** und damit keine Bewertung der gesamten ökologischen und sozialen Leistung des Unternehmens, sondern lediglich über einen Teilbereich derselben.[226]

Somit weist diese Bewertungsmethode hinsichtlich der Vollständigkeit der Informationserfassung gegenüber der Life Cycle Analysis [LCA][227] und der Multi-Kriterien-Analyse [MKA][228] Defizite auf.[229] Dies resultiert in der Gefahr einer lückenhaften Bewertung aufgrund einer schlechten Datenverfügbarkeit.[39] Dies wurde auch von Andes et al. als Schwäche deutlich herausgestellt.[40]

Abschließend soll noch darauf hingewiesen werden, dass die ökonomische Bewertung der ermittelten Material- und Stoffströme zwar grundsätzlich auf Basis öffentlicher Informationen erfolgen könnte,[230] dennoch verbleiben auf der anderen Seite die Schwierigkeiten der Ermittlung der monetären Werte. Folglich ist ein **erhöhter Aufwand** mit dieser Bewertungsmethode verbunden.

3.3.2 Informationsverarbeitung: Aggregation und Nachvollziehbarkeit

Unter Beachtung der beschriebenen Problematik bei der Zuordnung adäquater monetärer Werte können die Bewertung und Entscheidungsfindung mittels monetärer Werte für solche Faktoren, bei denen eine adäquate Monetarisierung insbesondere basierend auf Marktpreisen möglich ist, **nachvollziehbar**

---

[224]   Vgl. Endenich, C./ Trapp, R. (2019): S. 240, OECD (2012): S. 12 und Schwaiger et al. (2018): S. 53.

[225]   Vgl. Andes, L. et al. (2019): S. 300, Schwaiger et al. (2018): S. 53, Kleine, A. (2009): S. 173 Kleine, A. (2009): S. 173, Lippert, C./ Feuerbacher, A./ Narjes, M. (2021): S. 1, Schwaiger et al. (2018): S. 52.

[226]   Vgl. Kleine, A. (2009): S. 173, Kleine, A. (2009): S. 173, Lippert, C./ Feuerbacher, A./ Narjes, M. (2021): S. 1, Schwaiger et al. (2018): S. 52.

[227]   Siehe Kapitel 3.4.

[228]   Siehe Kapitel 3.7.

[229]   Eine detaillierte Analyse der LCA erfolgt in Kapitel 2.3 und der MKA abschließend in Kapitel 2.6.

[230]   Vgl. Andes, L. et al. (2019): S. 300, Bünger, B./ Matthey, A. (2020): S. 7, Huizing, A./ Dekker, H. (1992): S. 454.

und **transparent** gestaltet werden.[231] Ebenso wurde von Andes, L. et al. (2019) und auch Schwaiger et al. (2018) diese Eigenschaft als Stärke der Bewertungsmethode hervorgehoben.[232] Werden diese Werte jedoch in Investitionsrechenverfahren eingesetzt, wird die Transparenz durch die fehlende Differenzierung in finanzielle Ziele und Nachhaltigkeitsziele gemindert.[233]

Weiterhin wird der Ausweis einer monetär dargestellten Nachhaltigkeitsleistung häufig kritisiert, da die Knappheit bestimmter Ressourcen nicht repräsentiert werde und **nur in seltenen Fällen** zu einer **realitätsgetreuen Bewertung** der Ressourcen führe.[234] Gerade bei einem Einbezug der eruierten Umweltkosten in die DCF-Methode und der damit verbundenen Diskontierung ist vermehrt Kritik wahrzunehmen. Dem kann jedoch durch den Verzicht auf die Abzinsung und den Ansatz der gegenwärtigen Umweltkosten auch für zukünftige Jahre entgegengewirkt werden.[235] Zuletzt wird diese Vorgehensweise insbesondere aufgrund der **suggerierten Substituierbarkeit** des **Naturkapitals** durch Sachkapital kritisiert.[236]

3.3.3 Bewertungsergebnis: Aussagekraft und Darstellungsform

Schließlich ermöglicht der **aggregierte, monetäre Ausweis** der Nachhaltigkeitsleistung eine gute Vergleichbarkeit, auch zwischen unterschiedlichen Nachhaltigkeitsfaktoren.[237] Dies erhöht die **Eindeutigkeit** und **Kommunizierbarkeit** der Nachhaltigkeit eines Unternehmens deutlich und ist daher im Sinne der Aussagekraft des Bewertungsergebnisses als gut zu bewerten.[238]

Tabelle 8 beschreibt zusammenfassend die Bewertung der ökonomischen Methoden.

---

[231] Vgl. Bünger, B./ Matthey, A. (2018): S. 9, Günther, E. (2014): S. 134.
[232] Vgl. Andes, L. et al. (2019): S. 300, Schwaiger et al. (2018): S. 52.
[233] Vgl. Berlin, S. et al. (2015): S. 10.
[234] Vgl. Andes, L. et al. (2019): S. 247, Schwaiger et al. (2018): S. 53; Andes, L. et al. (2019): S. 247, Schwaiger et al. (2018): S. 53.
[235] Vgl. Andes, L. et al. (2019): S. 298, Hengstmann, R./ Seidel, S. (2014): S. 187.
[236] Vgl. Andes, L. et al. (2019): S. 247, Schwaiger et al. (2018): S. 52.
[237] Vgl. Huizing, A./ Dekker, H. (1992): S. 451, Sailer, U. (2020): S. 190.
[238] Vgl. Brockmann, C. et al. (2015): S. 141. Auch Schwaiger et al. (2018) und Andes, L. et al. (2019) stellen dies als Stärke heraus. Siehe Schwaiger et al. (2018): S. 53 und Andes, L. et al. (2019): S. 247.

Erfassung (einge-hende Daten)	Verarbeitung (insb. Aggregation)	Ergebnis
Vermeidungskosten, Kosten Substitutions-güter, Marktpreise für einzelne ökologische und, deutlich einge-schränkt, soziale Fak-toren	Aggregation aller mo-netär erfassbarer Grö-ßen, dadurch An-nahme der Substituier-barkeit von ökonomi-schem, ökologischem und sozialen Kapital	aggregierter, monetä-rer Wert

Tabelle 8: Bewertung ökonomische Methoden

3.4 Lebenszyklusanalyse

Eine weitere relevante Bewertungsmethode ist die LCA, eines von vielen le-benszyklusbasierten, produktorientierten Konzepten; diese wird als auswir-kungsorientierte Bewertungsmethode international nach ISO 14040 und 14044 normiert.[239] Zielsetzung ist im Gegensatz zu den ökonomischen Me-thoden lediglich die Zusammenfassung aller relevanten Energie- und Materi-alströme zu Umweltauswirkungen in Wirkkategorien, bspw. das Treibhaus-potenzial oder das Versauerungspotenzial für Wasser und Boden, zu einer Sachbilanz ohne eine folgende monetäre Bewertung.[240] Aktuell liegt der **Ein-satzbereich** vor allem in der **Schwachstellenanalyse** von **Prozessen,** verbun-den mit der Verbesserung von Produkten und Dienstleistungen hinsichtlich ihrer Umweltverträglichkeit sowie der externen Berichterstattung.[241] Aller-dings kann die LCA auch zur Auswertung der Nachhaltigkeitsleistung von Unternehmen genutzt werden.[242]

3.4.1 Informationserfassung: Vollständigkeit und Daten-grundlage

Zunächst werden hinsichtlich der Informationserfassung in der klassischen Form der LCA ausschließlich ökologische Auswirkungen aufgenommen,[243]

---

[239] Vgl. Hauff, M. von (2014): S. 115, Nertinger, S. (2015): S. 103 und Hottenroth, H./ Joa, B./ Schmidt, M. (2014): S. 13.

[240] Siehe für eine detaillierte Beschreibung der Methode Andes, L. et al. (2019): S. 121–126 und Schaltegger, S. et al. (2007): S. 75f.

[241] Vgl. Schebek, L. (2005): S. 37; Ausberg, L. et al. (2015): S. 207 f., Lazarevic, D./ Martin, M. (2018): S. 1559 und Damert, M./ Morris, J./ Guenther, E. (2020): 66 f.

[242] Vgl. Sailer, U. (2020): S. 184–185; dos Santos Bernades, M. et al. (2002): S. 46–47, Hermann, B. G./ Kroeze, C./ Jawjit, W. (2007): S. 1788.

[243] Vgl. Sailer, U. (2020): S. 187–188; Nertinger, S. (2015): S. 106–107; Schwerk, A. (2014): S. 120.

die sich auf den gesamten Produktlebenszyklus respektive die gesamte Wertschöpfungskette eines Unternehmens beziehen.[244] Daraus resultierend wird die Methode häufig als die umfassendste Beurteilung aller **Umweltauswirkungen** beschrieben.[245]

Alternativ ist eine analoge Erfassung der sozialen Auswirkungen möglich, allerdings erhöht dies den Aufwand der Bewertung enorm.[246] Folglich kann die Lebenszyklusanalyse um soziale Kriterien und gleichzeitig im Sinne der Lebenszykluskostenanalyse um die ökonomische Dimension ergänzt werden,[247] sodass sich eine **dreidimensionale Betrachtung** ergibt. Dabei ist jedoch zu beachten, dass nur quantitative Daten erfasst werden können.[248] Somit finden **qualitative**, nicht quantifizierbare Informationen innerhalb dieser Methode **keine Berücksichtigung**, was die Vollständigkeit der Informationserfassung mindert.

Weiterhin ist zur vollständigen Informationserfassung eine **umfassende Datengrundlage erforderlich**.[249] Dieser Informationsbedarf kann nur in einem geringen Umfang durch sekundäre Datenquellen abgedeckt werden und erfordert umfangreiche interne Bewertungen der Material- und Stoffstromanalysen.[250]

3.4.2 Informationsverarbeitung: Aggregation und Nachvollziehbarkeit

Während in der Erfassung aller relevanten Material- und Stoffflüsse des Unternehmens eine hohe Komplexität vorliegt,[251] kann die darauffolgende Wirkungsabschätzung im Rahmen der Informationsverarbeitung teilweise über **extern** verfügbare **Datenbanken** oder darauf ausgerichtete Software-Anwendungen erfolgen.[252]

---

244 Vgl. Schwerk, A. (2014): S. 120 und Königshofer, P./ Kaltenegger, I. (2020): S. 660.
245 Vgl. Giudice, F./ La Rosa, G./ Risitano, A. (2006): S. 83–99 und Ausberg, L. et al. (2015): S. 203f.
246 Vgl. Andrews, E. S. et al. (2009): S. 37–38; Ausberg, L. et al. (2015): S. 249–251; Königshofer, P./ Kaltenegger, I. (2020): S. 655; Klöpffer, W. (2008): S. 92.
247 Vgl. Klöpffer, W. (2008): S. 90; Andrews, E. S. et al. (2009): S. 35; López, A. et al. (2015): S. 24.
248 Vgl. dos Santos Bernades, M. et al. (2002): S. 12; Andrews, E. S. et al. (2009): S. 40, Bauer, C./ Schebek, L./ Schmidt, M. (2007): S. 11.
249 Vgl. López, A. et al. (2015): S. 33 und Andes, L. et al. (2019): S. 220.
250 Vgl. Cinelli, M. et al. (2016): S. 278, Königshofer, P./ Kaltenegger, I. (2020): S. 665, Ludvig, A. et al. (2021): S. 2.
251 Vgl. Bauer, C./ Schebek, L./ Schmidt, M. (2007): S. 10, Hermann, B. G./ Kroeze, C./ Jawjit, W. (2007): S. 1787, Ludvig, A. et al. (2021): S. 8.
252 Vgl. Andrews, E. S. et al. (2009): S. 40; Bauer, C./ Schebek, L./ Schmidt, M. (2007): S. 11; Wilkens, I. (2012): S. 66.

Abschließend wird bei der Zusammenfassung der Auswirkungen zu Wirkkategorien **keine dimensionsübergreifende Aggregation** vorgenommen, um einen hohen Informationsgehalt sicherzustellen.[253] Daher kann diese standardisierte Methode eine **hohe Transparenz** und **Nachvollziehbarkeit** aufweisen und unterstellt dabei gleichzeitig keine Substituierbarkeit einzelner Kapitalarten.

3.4.3 Bewertungsergebnis: Aussagekraft und Darstellungsform

Im Hinblick auf das **quantitative Bewertungsergebnis** ist aufgrund der fehlenden Aggregation und dem Ausweis der Nachhaltigkeitsauswirkungen in quantitativer Form eine **geringe Aussagekraft** über die gesamte Nachhaltigkeitsleistung des Bewertungsobjekts zu kritisieren.[254] Aus diesem Grund ist ein direkter Vergleich zwischen Bewertungsobjekten, insbesondere zwischen Unternehmen unterschiedlicher Branchen, schwierig.[255] Ein Einsatz erscheint dann sinnvoll, wenn eine Fokussierung auf wenige Nachhaltigkeitsgrößen erfolgen soll.

Tabelle 10 beschreibt zusammenfassend die Bewertung der Lebenszyklusanalyse.

Erfassung (eingehende Daten)	Verarbeitung (insb. Aggregation)	Ergebnis
ausgewählte ökologische und soziale Faktoren über Lebenszyklus eines Objektes hinweg	keine Aggregation	lediglich singuläre Faktoren

Tabelle 9: Bewertung Lebenszyklusanalyse

3.5 CO$_2$-Fußabdruck

Eine Alternative zur umfassenden LCA stellt der Carbon Footprint [CF] dar, dessen Berechnung nach ISO 14064 normiert ist, und als Corporate Carbon

---

[253] Vgl. Ausberg, L. et al. (2015): S. 230–231, Bauer, C./ Schebek, L./ Schmidt, M. (2007): S. 16, Sailer, U. (2020): S. 187.
[254] Vgl. Ausberg, L. et al. (2015): S. 218, Günther, E. (2014): S. 135.
[255] Vgl. Hermann, B. G./ Kroeze, C./ Jawjit, W. (2007): S. 1788, Sternad, D./ Mödritscher, G. (2018): S. 150–151.

Footprint [CCF] auf Unternehmen angewandt werden kann.[256] Zunächst wird dabei der Grundgedanke der LCA auf die Auswertung der Treibhausgasemissionen angewandt, die zusammengefasst in der Einheit des Kohlenstoffdioxid-Äquivalents ausgewiesen werden.[257]

3.5.1 Informationserfassung: Vollständigkeit und Datengrundlage

Im Rahmen der Informationserfassung wird beim CCF ebenso die **gesamte Wertschöpfungskette** hinsichtlich der Treibhausgasemissionen betrachtet.[258] Insbesondere vor dem Hintergrund der Existenz zahlreicher kritischer Umweltbelastungen ist die Anwendung zur Beurteilung der Nachhaltigkeitsleistung eines gesamten Unternehmens kritisch zu betrachten, da diese nicht alle durch den CF erfasst werden.[259]

Es existieren zwar einige Studien, die nachweisen, dass eine gute Leistung in Bezug auf die Treibhausgasemissionen mit einer allgemein hohen ökologischen Leistung einhergeht,[260] jedoch wird dieser Zusammenhang nicht überall bestätigt.[261] Infolgedessen ist die Bewertung der Nachhaltigkeitsleistung von Unternehmen mittels des CCF trotz normierten Vorgehens nur unter Akzeptanz einer **hohen Unsicherheit** und einer **geringeren Transparenz** aufgrund der singulären Betrachtung zu empfehlen.[262]

Zudem erfasst der CCF **keine ökonomische und soziale Leistung** und weist damit Lücken bei der Informationserfassung auf. Vor dem Hintergrund der empirisch nachgewiesenen, deutlich höheren Bedeutung der ökologischen Leistung sowohl für Kapitalanleger[263] als auch Unternehmen[264] wird der CCF dennoch als mögliche Bewertungsmethode der Nachhaltigkeit für die folgenden Analysen aufgenommen. Auf Grund des geringeren Informationsbedarfs

---

[256]   Vgl. Sailer, U. (2020): S. 194; Günther, E. (2014): S. 131; Lazarevic, D./ Martin, M. (2018): S. 1561.

[257]   Vgl. Günther, E./ Nowack, M./ Hentschel, N. (2010): S. 17, Nertinger, S. (2015): S. 141–142, Sailer, U. (2020): S. 194.

[258]   Vgl. Hottenroth, H./ Joa, B./ Schmidt, M. (2014): S. 10 und Dahlmann, F./ Branicki, L./ Brammer, S. (2019): S. 2.

[259]   Vgl. Sailer, U. (2020): S. 194; Nertinger, S. (2015): S. 141; Hottenroth, H./ Joa, B./ Schmidt, M. (2014): S. 10.

[260]   Vgl. Damert, M./ Morris, J./ Guenther, E. (2020): S. 67–69 und Andes, L. et al. (2019): S. 220.

[261]   Vgl. Andes, L. et al. (2019): S. 220 und López, A. et al. (2015): S. 33.

[262]   Vgl. Hottenroth, H./ Joa, B./ Schmidt, M. (2014): S. 76, Dahlmann, F./ Branicki, L./ Brammer, S. (2019): S. 21–22, Damert, M./ Morris, J./ Guenther, E. (2020): S. 68–69, Machnik, A. (2020): S. 520.

[263]   Vgl. Morgenstern, K. (2020): S. 37–38.

[264]   Vgl. Schaltegger, S./ Windolph, S. E./ Harms, D. (2010): S. 67–68.

ist die Informationserfassung sowie Informationsverarbeitung **praktikabler** als die der dreidimensionalen LCA.[265]

3.5.2 Informationsverarbeitung: Aggregation und Nachvollziehbarkeit

Analog zur LCA ist eine **hohe Nachvollziehbarkeit** der Methode festzustellen, da die Wirkungsabschätzung auch hier über extern verfügbare Datenbanken erfolgen kann.

Es erfolgt lediglich eine Aggregation der einzelnen Treibhausgasemissionen zu einer einzigen Kennzahl in der ökologischen Dimension **ohne Betrachtung sozialer** und **ökonomischer** Informationen.

3.5.3 Bewertungsergebnis: Aussagekraft und Darstellungsform

Zuletzt ist die **hohe Aussagekraft** des Bewertungsergebnisses durch den Ausweis einer einzigen Kennzahl in einer einheitlichen Einheit, das Kohlenstoffdioxid-Äquivalent, hervorzuheben. So ist die Festlegung des Nachhaltigkeitsniveaus und eine **Vergleichbarkeit** von Unternehmen derselben Branche möglich.[266] Abstriche bei der inhaltlichen Aussageintensität sind mit Blick auf den eingeschränkten Betrachtungshorizont vorzunehmen. Zur besseren Vergleichbarkeit erscheint die Bildung einer relativen Größe sinnvoll, d.h. das ins Verhältnissetzen zum Umsatz oder dem Output.

Tabelle 10 beschreibt zusammenfassend die Analyse der Methode des CO_2-Fußabdrucks.

---

[265]   Vgl. Pihkola, H. et al. (2016): S. 12.

[266]   Vgl. Ausberg, L. et al. (2015): S. 234, Hottenroth, H./ Joa, B./ Schmidt, M. (2014): S. 11, Tober, C. et al. (2020): S. 14.

Erfassung (einge-hende Daten)	Verarbeitung (insb. Aggregation)	Ergebnis
Treibhausgasemissionen	singulär, keine Betrachtung sozialer Aspekte	hohe Aussagekraft und Vergleichbarkeit

Tabelle 10: Bewertung CO₂-Fußabdruck

3.6 Effizienzanalyse mit besonderer Berücksichtigung des Sustainable Value Ansatzes

Als weitere Bewertungsmethode ist die Effizienzanalyse und dabei insbesondere der SustV zu betrachten, der von Schmidt, M./ Schwegler, R. (2005) und Figge, F./ Hahn, T. (2004b) entwickelt wurde.[267] Dabei handelt es sich um einen Ansatz zur Unternehmensbewertung unter Berücksichtigung der ökonomischen sowie der ökologischen und sozialen Leistung.[268] Diese integrierte Bewertungsmethode verbindet die effizienzorientierte Betrachtung mit der MKA.[269] Gegenüber anderen effizienzorientieren Methoden bestehen beim SustV jedoch zwei relevante Vorteile. Zum einen die Berücksichtigung der absoluten Nachhaltigkeitsleistung und zum anderen einer anderen methodischen Herangehensweise, die eine verbesserte Erfassung der Nachhaltigkeitsleistung ermöglicht.[270] Beide Aspekte werden in den folgenden Abschnitten weiter ausgeführt.

3.6.1 Informationserfassung: Vollständigkeit und Datengrundlage

Zuerst wird zur Ermittlung der nachhaltigen Wertschöpfung des Unternehmens die Differenz der Ressourceneffizienz des zu bewertenden Unternehmens und eines zuvor zu wählenden Benchmarks berechnet, der sogenannte Value Spread.[271] Der Benchmark ist dabei in Abhängigkeit von dem gewünschten Vergleich zu wählen, beispielsweise kann es sich dabei um die gesamte Volkswirtschaft, die jeweilige Branche oder andere

---

[267] Vgl. Schmidt, M./ Schwegler, R. (2005): S. 35 und Figge, F./ Hahn, T. (2004b): 184 f.
[268] Vgl. Figge, F./ Hahn, T. (2004a): S. 126, Kassem, E. et al. (2016): S. 180, Saurat, M./ Ritthoff, M.): S. 33.
[269] Vgl. Figge, F./ Hahn, T. (2004b): S. 181–182, Greiling, D./ Ther, D. (2010): S. 55, Hahn, T. et al. (2007): S. 4.
[270] Vgl. Figge, F./ Hahn, T. (2004a): S. 129 und Greiling, D./ Ther, D. (2010): S. 58.
[271] Vgl. Greiling, D./ Ther, D. (2010): S. 56–57, Kassem, E. et al. (2016): S. 178, Nicolăescu, E./ Alpopi, C./ Zaharia, C. (2015): S. 860, Schmidt, M./ Schwegler, R. (2005): S. 35.

Investitionsalternativen handeln.[272] Im Vergleich zum Economic Value Added [EVA] werden dabei nicht nur das finanzielle Kapital, sondern auch ökologische und soziale Ressourcen in der Berechnung der Ressourceneffizienz herangezogen, die individuell in **Abhängigkeit** der **subjektiven Relevanz** gewählt und individuell gewichtet werden können.[273]

Somit ist die Informationserfassung beim SustV praktikabler durchzuführen als bei der ökonomischen Bewertung oder der Ökoeffizienz-Analyse [EEA], bei denen der Ausgangspunkt die Schadschöpfung ist.[274] Zudem ist positiv zu vermerken, dass sowohl die **ökologische** als auch die **soziale Leistung** in der Unternehmensbewertung berücksichtigt wird und somit das Prinzip der Dreidimensionalität erfüllt wird. Es können **ausschließlich quantifizierbare Daten** herangezogen werden, sodass qualitative Informationen vernachlässigt werden müssen und eine vollständige Erfassung der Nachhaltigkeitsleistung nicht gewährleistet werden kann.[275] Insbesondere bei sozialen Aspekten, bei denen eine Quantifizierung grundsätzlich schwierig ist, bspw. der Einhaltung von Menschen- und Arbeitsrechten,[276] ist eine Berücksichtigung im Rahmen des SustV nicht möglich.[277]

Außerdem ist die Berechnung des SustV bereits seit der Entwicklung im Jahr 2001 prinzipiell auf **Grundlage öffentlich zugänglicher Daten** aus dem Geschäftsbericht der Unternehmen sowie statistischer Informationen möglich.[278] Insbesondere durch die weiterentwickelten externen Berichtspflichten kann von einer deutlich größeren externen Datenverfügbarkeit ausgegangen werden als dies bei Entwicklung des Bewertungskonzepts bereits der Fall war.[279]

---

[272] Vgl. Figge, F./ Hahn, T. (2004a): S. 131, Greiling, D./ Ther, D. (2010): S. 59, Figge, F./ Hahn, T./ Illge, L. (2010): S. 30 und Figge, F./ Hahn, T. (2005): S. 53.

[273] Vgl. Pihkola, H. et al. (2016): S. 13 Pihkola, H. et al. (2016): S. 13, Saurat, M./ Ritthoff, M.): S. 34–35; Figge, F./ Hahn, T. (2004a): S. 130, Kassem, E. et al. (2016): S. 180, Sailer, U. (2020): S. 229.

[274] Vgl. Figge, F./ Hahn, T. (2004a): S. 130, Sailer, U. (2020): S. 227; Kassem, E. et al. (2016): S. 178.

[275] Vgl. Greiling, D./ Ther, D. (2010): S. 61, Sailer, U. (2020): S. 232.

[276] Vgl. Häßler, R. D. (2017): S. 9 und Casey, G. et al. (2020): S. 3.

[277] Vgl. Greiling, D./ Ther, D. (2010): S. 58 f. und Figge, F./ Hahn, T. (2004a): S. 134.

[278] Vgl. Figge, F./ Hahn, T. (2004a): S. 135, Greiling, D./ Ther, D. (2010): S. 55, Hahn, T. et al. (2007): S. 3 .

[279] Vgl. Müller, F. et al. (2009): S. 17, Sailer, U. (2020): S. 52–53: S. 17 und Müller, F. et al. (2009): S. 17, Sailer, U. (2020): S. 52 f.

3.6.2 Informationsverarbeitung: Aggregation und Nachvollziehbarkeit

Zur Weiterverarbeitung der erfassten Informationen wird der Value Spread, der die Opportunitätskosten eines alternativen Ressourceneinsatzes darstellt, mit der eingesetzten Menge der jeweiligen Ressourcen multipliziert, sodass der Wertbeitrag zur Nachhaltigkeit des zu bewertenden Unternehmens eruiert wird.[280] Dieser kann abhängig davon, ob das Unternehmen effizienter wirtschaftet als der Benchmark, positiv oder negativ ausfallen.[281] Insbesondere kann der Benchmark als Branchenvergleich definiert werden und somit eine Aussage über die Nachhaltigkeitsleistung des Bewertungsobjekts unter **Berücksichtigung** der **individuellen Tätigkeit** und dem direkten Vergleich zu konkurrierenden Unternehmen erfolgen.[282]

Weiterhin werden im Rahmen der Informationsverarbeitung die ermittelten Daten über das eingesetzte Kapital unter Berücksichtigung der Opportunitätskosten mit der erzielten **Wertschöpfung** des Unternehmens ins **Verhältnis** gesetzt. Somit steht die Betrachtung eines effizienten Ressourceneinsatzes im Sinne einer ökonomischen Nachhaltigkeitsorientierung im Fokus.[283] Im Gegensatz zu den effizienzorientierten Bewertungskonzepten des EEA und der Sozio-Ökoeffizienz-Analyse [SEEbalance] wird beim SustV jedoch nicht ausschließlich die Effizienz betrachtet, sondern auch die absolute Umweltbelastung im Sinne der sozialen und ökologischen Effektivität. Dazu wird eine Veränderung des absoluten Verbrauchs an Ressourcen berücksichtigt, indem dieser über einen höheren Wert an zu kompensierenden Opportunitätskosten über die Wertschöpfung zu decken ist.[284] Damit wird zum einen die Nichtachtung eines Rebound-Effekts, das heißt, der Überkompensation einer effektiv schlechteren Leistung durch ein effizienteres Wirtschaften,[285] vermieden und zum anderen eine hohe **Transparenz und Nachvollziehbarkeit** der Bewertungsmethode erzielt.[286]

---

[280] Siehe für eine detaillierte Beschreibung Figge, F./ Hahn, T. (2004a).
[281] Vgl. Sailer, U. (2020): S. 226f., Greiling, D./ Ther, D. (2010): S. 57 und Bassen, A./ Gödker, K. (2014): 336 f.
[282] Vgl. Greiling, D./ Ther, D. (2010): S. 60 und Kassem, E. et al. (2016): S. 180f.
[283] Vgl. Baldarelli, M.-G./ Del Baldo, M./ Nesheva-Kiosseva, N. (2017): S. 175, Bassen, A./ Gödker, K. (2014): S. 337, Figge, F./ Hahn, T. (2004a): S. 130.
[284] Vgl. Figge, F./ Hahn, T. (2004a): S. 130 und Figge, F./ Hahn, T. (2004b): S. 182 f.
[285] Vgl. Greiling, D./ Ther, D. (2010): S. 60, Sailer, U. (2020): S. 146.
[286] Vgl. Figge, F./ Hahn, T. (2004a): S. 130, Günther, E./ Nowack, M./ Hentschel, N. (2010): S. 38.

Zudem erfolgt die Berechnung des Nachhaltigkeitswerts analog zum ökonomischen Prinzip des EVA bzw. des Shareholder Value, das bereits in der internen und teilweise in der externen finanziellen Unternehmensbewertung herangezogen wird.[287] Folglich ist die **Praktikabilität** der Methode hoch einzuschätzen, da das zugrunde gelegte Prinzip in den Unternehmen bekannt und akzeptiert ist.[288]

Zuletzt kann durch die hohe Flexibilität der Bewertungsmethode eine Anpassung an die Wertvorstellungen des Bewertungssubjekts erfolgen.[289] Dazu kann eine **individuelle Gewichtung** bei der **Aggregation** der Dimensionen über die Auswahl der betrachteten Ressourcen in Abhängigkeit vom Nachhaltigkeitsverständnis bestimmt werden.[290]

3.6.3 Bewertungsergebnis: Aussagekraft und Darstellungsform

Abschließend erfolgt über die Addition der Wertbeiträge einzelner Ressourcen eine Verrechnung der drei Nachhaltigkeitsdimensionen zu einer nachhaltigen **Spitzenkennzahl** in **monetärer Form**.[291] Dazu werden die einzelnen monetären Wertbeiträge zur Ermittlung des SustV addiert,[292] sodass die Effizienz des Unternehmens in Bezug auf die unterschiedlichen, in der Nachhaltigkeit relevanten Ressourcen in einer **einzigen eindeutigen Kennzahl** ausgewiesen wird.[293]

Alternativ ist mit Anwendung dieser Berechnungslogik auch eine separate Darstellung der drei Dimensionen unter Abbildung eines Social Value Added [SVA] und Environmental Value Added [EnVA] möglich.[294] Dies würde hingegen die Aussagekraft des Bewertungsergebnisses durch den Ausweis separater Kennzahlen mindern. Somit kann jedoch die Wertschöpfung des Unternehmens in einem Vergleich zur Leistung anderer Unternehmen in Bezug auf verschiedene Kapitalarten herangezogen[295] und damit eine umfangreiche

---

[287] Vgl. Dyllick, T./ Hockerts, K. (2002): S. 136, Müller, F. et al. (2009): S. 11, Sailer, U. (2020): S. 228.
[288] Vgl. Kassem, E. et al. (2016): S. 178, Sailer, U. (2020): S. 229 und López, A. et al. (2015): S. 89.
[289] Vgl. Hahn, T. et al. (2007): S. 11, Müller, F. et al. (2009): S. 39.
[290] Vgl. Figge, F./ Hahn, T. (2004a): S. 130, Kassem, E. et al. (2016): S. 180, Sailer, U. (2020): S. 229.
[291] Vgl. Bassen, A./ Gödker, K. (2014): S. 333, Sailer, U. (2020): S. 222, Schmidt, M./ Schwegler, R. (2005): S. 37.
[292] Vgl. Bassen, A./ Gödker, K. (2014): S. 337, Figge, F./ Hahn, T. (2004a): S. 131–132.
[293] Vgl. Ahrend, K.-M. (2020): S. 232, Sailer, U. (2020): S. 232, Saurat, M./ Ritthoff, M.): S. 34.
[294] Vgl. Sailer, U. (2020): S. 226.
[295] Vgl. Hahn, T. et al. (2007): S. 3, Kassem, E. et al. (2016): S. 180.

Anwendbarkeit der Bewertungsmethode im Rahmen der Unternehmensbewertung erzielt werden.[296]

Tabelle 10 beschreibt zusammenfassend die Analyse der Effizienzanalyse.

Erfassung (eingehende Daten)	Verarbeitung (insb. Aggregation)	Ergebnis
alle nachhaltigkeitsrelevanten Informationen	Aggregation aller Größen, Gewichtung möglich	monetär

Tabelle 11: Bewertung Effizienzanalyse

3.7 Multi-Kriterien-Analyse

Als letzte Bewertungsmethode ist die nichtmonetäre MKA zu betrachten, die häufig von Ratingagenturen sowie von Finanzdienstleistern genutzt wird, um neben ökonomischen Sachverhalten auch die sozialen und ökologischen Informationen eines Unternehmens gesamthaft zu bewerten.[297] Insbesondere vor dem Hintergrund der Integrationsmöglichkeit nichtfinanzieller Informationen in der Unternehmensführung oder die Investitionsrechnung wird die MKA angewandt, um Entscheidungen im Hinblick auf eine nachhaltige Entwicklung zu unterstützen.[298] Im Allgemeinen geht es dabei um die Berücksichtigung mehrerer Teilziele sowie individueller Bewertungskriterien und Gewichtungen, um eine Entscheidungsgrundlage in Form eines Rankings der Entscheidungsalternativen abzubilden.[299] Die einzelnen existierenden Rankings bzw. Ratings sind in ihren Grundzügen ähnlich.[300]

3.7.1 Informationserfassung: Vollständigkeit und Datengrundlage

Zunächst können im Rahmen einer nichtmonetären MKA anders als beim SVA sowohl **quantitative** als auch **qualitative Daten** über eine Normierung

---

[296]   Vgl. Hahn, T. et al. (2007): S. 3, Müller, F. et al. (2009): S. 16, Sailer, U. (2020): S. 231.
[297]   Vgl. Schwerk, A. (2015): S. 532, Schäfer, H. (2005): S. 2–9 und Europäische Kommission (2019): S. 9.
[298]   Vgl. Bassen, A./ Gödker, K. (2014): S. 338, Sailer, U. (2020): S. 251–252, Stagl, S. (2004): S. 54.
[299]   Siehe für eine detaillierte Beschreibung des Vorgehens Andes, L. et al. (2019): S. 251–259 und Schwaiger et al. (2018): S. 39–54.
[300]   Vgl. Diebecker, J./ Rose, C./ Sommer, F. (2021): S. 12.

bzw. Skalierung Einfluss auf die Bewertung nehmen.[301] Infolgedessen können **alle drei Nachhaltigkeitsdimensionen** berücksichtigt werden und somit kann eine umfangreiche und vollständige Bewertung erfolgen.[302]

Der mit der Informationserfassung verbundene Aufwand steht dabei in einem engen Zusammenhang mit der angestrebten Komplexität sowie den subjektiv relevanten Nachhaltigkeitsindikatoren.[303] Grundsätzlich kann die MKA aufgrund der umfangreichen nichtfinanziellen Berichterstattung von Unternehmen aber auf der Basis **öffentlich zugänglicher Informationen** erstellt werden.[304]

Bei der Auswahl der Messfaktoren sollte darauf geachtet werden, dass, wann immer möglich, das **Ergebnis** selbst (z. B. tatsächliche CO_2-Einsparung) gemessen werden sollte und nicht lediglich Ziele, Anstrengungen und Investitionen (z. B. Anzahl der Projekte mit Zielsetzung CO_2-Einsparung) als Auslöser für einen Outcome.[305]

3.7.2 Informationsverarbeitung: Aggregation und Nachvollziehbarkeit

Um das multikriterielle und mehrdimensionale Konstrukt der Nachhaltigkeit auf eine Dimension zu verdichten, müssen zwangsläufig Vereinfachungen sowohl mit Blick auf die Bewertung, als auch hinsichtlich der Wechselwirkungen vorgenommen werden.[306] Zur Verarbeitung der Informationen werden verschiedene Analyseverfahren wie der Paarvergleich oder analytische Hierarchieprozesse herangezogen, um eine individuelle Gewichtung der Faktoren zu ermitteln und damit der subjektiven Entscheidungsunterstützung zu dienen.[307] So können die subjektiven Interessen in die Entscheidung einfließen,[308] ohne zuvor eine Monetarisierung der Nachhaltigkeitsindikatoren

---

[301]   Vgl. Cinelli, M./ Coles, S. R./ Kirwan, K. (2014): S. 141, Schär, S. (2018): S. 146, Schwaiger et al. (2018): S. 9. Auf diesem Weg entsteht dann das Problemfeld der Inkommensurabilität. Siehe Kröll, M. (2007): S. 51 und Jonen, A./ Lingnau, V./ Schmidt, T. (2006): S. 29.

[302]   Vgl. Andes, L. et al. (2019): S. 80, Lehmann, P. et al. (2021): S. 2, Schär, S. (2018): S. 148. Weber, F. M. (2022) empfiehlt für die Identifikation von relevanten Punkten die Sustainable Development Goals der Vereinten Nationen. Vgl. Weber, F. M. (2022): S. 452.

[303]   Vgl. Schwaiger et al. (2018): S. 53; Munda, G. (2005): S. 958; Bini, L./ Bellucci, M. (2020): S. 60; Andes, L. et al. (2019): S. 256, Schäfer, H. (2020): S. 379.

[304]   Vgl. Hartzmark, S. M./ Sussman, A. B. (2019): S. 2795 und Schäfer, H. (2003): S. 3.

[305]   Vgl. Diebecker, J./ Rose, C./ Sommer, F. (2021): S. 17.

[306]   Vgl. Weber, F. M. (2022): S. 456.

[307]   Vgl. Belton, V./ Stewart, T. J. (2003): S. 133, Cinelli, M./ Coles, S. R./ Kirwan, K. (2014): S. 143, Saaty, T. L. (2005): S. 348–349, Schwaiger et al. (2018): S. 39.

[308]   Vgl. Schäfer, H. (2003): S. 3.

vornehmen zu müssen.[309] Zusätzlich kann eine Auswahl und Gewichtung der Nachhaltigkeitsindikatoren je nach Relevanz innerhalb der spezifischen Branche erfolgen, wie es in vielen der etablierten Ratingverfahren üblich ist, um dem Best-in-Class-Ansatz zu folgen.[310] Beim Best-in-Class-Ansatz steht dabei die Bewertung der Nachhaltigkeitsleistung unter Berücksichtigung der besonderen Herausforderungen der spezifischen Branche im Fokus. Dies kann insbesondere über die Anwendung branchenspezifischer Nachhaltigkeitskriterien oder einer branchenspezifischen Gewichtung der Nachhaltigkeitsindikatoren erfolgen. Eine solche Vorgehensweise wählen unter anderem auch bekannte Ratingagenturen, bspw. die oekom research AG oder die Sustainalytics GmbH.[311]

Auf der einen Seite wirkt sich die **hohe Flexibilität** im Rahmen der **Aggregation** der MKA in der Auswahl und Gewichtung der Bewertungskriterien positiv auf die grundsätzliche Anwendbarkeit der Bewertungsmethode aus.[312] Auf der anderen Seite kann diese Vorgehensweise zu einer **defizitären Nachvollziehbarkeit** führen. Insbesondere die Normierung bzw. Skalierung qualitativer Sachverhalte unterliegt der subjektiven Einschätzung und mindert die Transparenz.[313] Folglich ist die Nachvollziehbarkeit für Dritte nur über die Offenlegung der zugrunde gelegten Annahmen zu gewährleisten, die aktuell nur von wenigen Ratingagenturen zur Verfügung stehen, insbesondere von der oekom research AG, seit 2018 durch Übernahme des Stimmrechtsberaters ISS Institutional Shareholder Services, unter der Benamung ISS ESG, als führendem Anbieter, oder mittlerweile auch die MSCI ESG Research LLC.[314]

Darüber hinaus wird eine Aggregation der Informationen mithilfe mathematischer Verfahren durchgeführt, bei der Software-Anwendungen eingesetzt werden können.[315] Dieses Vorgehen ermöglicht der Informationsverarbeitung eine **hohe Praktikabilität**, da trotz der Einbindung umfangreicher, auch qualitativer Informationen der Aufwand insbesondere gegenüber einer

---

[309] Vgl. Illge, L./ Schwarze, R. (2004): S. 7, Lehmann, P. et al. (2021): S. 2 und Stagl, S. (2004): S. 54.

[310] Vgl. Döpfner, C./ Schneider, H.-A. (2012): S. 68f. und Schäfer, H. (2003): S. 158-164.

[311] Vgl. Döpfner, C./ Schneider, H.-A. (2012): 68 f., Schäfer, H. (2005): S. 4, Schäfer, H./ Bauer, F./ Bracht, F. (2015): S. 38 f. und Giese, G./ Nagy, Z./ Lee, L.-E. (2020).

[312] Vgl. Andes, L. et al. (2019): S. 80, Lehmann, P. et al. (2021): S. 2, Schär, S. (2018): S. 147 und Schwaiger et al. (2018): S. 533.

[313] Vgl. Sailer, U. (2020): S. 253f., Schäfer, H. (2020): 377f., Andes, L. et al. (2019): S. 256 und Schaltegger, S. et al. (2007): S. 84.

[314] Vgl. Döpfner, C./ Schneider, H.-A. (2012): S. 87, Schäfer, H. (2003): S. 154–155, 2020): S. 378 und Wong, C./ Petroy, E. (2020): S. 34.

[315] Vgl. Andes, L. et al. (2019): S. 256 und Schär, S. (2018): S. 157.

ökonomischen Bewertung in Verbindung mit einer KNA[316] deutlich geringer einzuschätzen ist.[317] Zum anderen sind die gewonnen Bewertungsergebnisse nachvollziehbar und replizierbar,[318] allerdings nur unter Berücksichtigung des zugrunde gelegten subjektiven Präferenzsystems.[319]

3.7.3 Bewertungsergebnis: Aussagekraft und Darstellungsform

Abschließend ermöglicht das aggregierte Bewertungsergebnis eine Einordnung der bewerteten Alternativen in ein **nichtmonetäres** Rangsystem, das die beste Alternative (z. B. Investitionsobjekt) nach den gewählten Kriterien und Gewichtungen ausweist. Damit stellt es eine eindeutige Grundlage für eine fundierte Entscheidung mit **hoher Aussagekraft** dar.[320]

Es besteht auch die Möglichkeit, den über unterschiedliche Kriterien ermittelten Nachhaltigkeitsbeitrag einer weiteren investitionsrelevanten Dimension gegenüberzustellen. Weber, F. M. (2022) schlägt dazu die Marktattraktivität vor, welche über Marktvolumen, Marktwachstum oder Substitutionspotenzial gemessen wird.[321] Auch die Integration eines Kapitalbarwertes wäre möglich.[322]

Tabelle 12 zeigt zusammenfassend die Analyse der Multi-Kriterien-Analyse.

Erfassung (eingehende Daten)	Verarbeitung (insb. Aggregation)	Ergebnis
quantitative und qualitative Daten aller drei Nachhaltigkeitsdimensionen	gewichtete Aggregation der relevanten Einflussfaktoren	Ranking der Alternativen

Tabelle 12: Bewertung Multi-Kriterien-Analyse

---

[316] Siehe Kapitel 3.3.
[317] Vgl. Belton, V./ Stewart, T. J. (2003): S. 160, Stagl, S. (2004): S. 56.
[318] Vgl. Schwaiger et al. (2018): S. 53.
[319] Vgl. Cinelli, M./ Coles, S. R./ Kirwan, K. (2014): S. 141, Munda, G. (2005): S. 980, Schwaiger et al. (2018): S. 53.
[320] Vgl. Dahl, J. (2019): S. 84–85, Hermann, B. G./ Kroeze, C./ Jawjit, W. (2007): S. 1788, Saaty, T. L. (2005): S. 347.
[321] Vgl. Weber, F. M. (2022): S. 455.
[322] Zu den entsprechenden Verfahren siehe Jonen, A./ Harbrücker, U. (2022).

4 Situative Faktoren und deren Einfluss auf die Auswahl

4.1 Theorie des situativen Ansatzes

4.1.1 Ausgangspunkt

Situative Ansätze haben sich seit ungefähr Anfang der 1960er Jahre entwickelt.[323] Der Ursprung des situativen Ansatzes[324] liegt im hohen Formalisierungs- und Abstraktionsgrad der systemtheoretischen-kybernetischen Ansätze und der Erkenntnis, dass es keine allgemeingültigen Organisationsprinzipien geben könne[325], „sondern mehrere situationsbezogen angemessene"[326]. Damit sollte das Dogma des Universalismus überwunden werden.[327] Ansatzpunkt der situativen Ansätze ist, **konkrete Gestaltungsempfehlungen** zu liefern,[328] indem Abhängigkeiten zwischen der Situation in der Unternehmensumwelt bzw. dem Organisationsumfeld (Kontext),[329] der Organisationsstruktur und der Effizienz von Organisation und Führung herausgearbeitet werden. Diese Aussagen sind jeweils relevant für ein bestimmtes Wirklichkeitssegment.[330] Grundannahme ist, dass ein effizientes Erreichen der Ziele in einer Organisation nur möglich ist, wenn die Strukturen an die spezifische Situation angepasst sind.[331] Die Herangehensweise ist dabei geprägt von einer starken empirischen Ausrichtung.[332]

Der Ansatz beruht auf dem auf Popper, K. R. (1979) zurückgehenden **Propensitäts-Modell der Erklärung**.[333] Eine Propensität ist eine objektive probalistische Verwirklichungstendenz in einer bestimmten Situation. Dabei

---

[323] Vgl. Armbrecht, W. (1992): S. 180. Die Theorie findet ihren Ursprung in der Organisationsforschung in den 1960er Jahren. Vgl. Urselmann, M. (2006): S. 36, Kieser, A./ Kubicek, H. (1992): S. 47, Bea, F. X./ Göbel, E. (2019): S. 108f., Thommen, J.-P. et al. (2020): S. 501.

[324] Auch konsistenztheoretischer Ansatz, Kontingenzansatz oder „Contingency Approach". Vgl. Hübner, H./ Jahnes, S. (1998): S. 55, Bea, F. X./ Göbel, E. (2019): S. 107, Kieser, A. (2019): S. 170, Scherm, E./ Pietsch, G. (2007): S. 35, Armbrecht, W. (1992): S. 163 und Siedenbiedel, G. (2020): S. 89.

[325] Vgl. Kieser, A. (2019): S. 169 und Urselmann, M. (2006): S. 35.

[326] Staehle, W. H. (1979): S. 218.

[327] Vgl. Armbrecht, W. (1992): S. 8, 181.

[328] Vgl. Bea, F. X./ Göbel, E. (2019): S. 112.

[329] Vgl. Fritz, W. (1995): S. 12 und Armbrecht, W. (1992): S. 152.

[330] Vgl. Armbrecht, W. (1992): S. 8.

[331] Vgl. Kieser, A. (2019): S. 175.

[332] Vgl. Balderjahn, I./ Specht, G. (2020): S. 56, Fritz, W. (1995): S. 24, Hübner, H./ Jahnes, S. (1998): S. 56, Siedenbiedel, G. (2020): S. 89 und Bea, F. X./ Göbel, E. (2019): S. 116.

[333] Siehe Popper, K. R. (1979): S. 312. Popper wird von einigen Autoren als einer der prominentesten Vertreter des situativen Ansatzes aufgeführt. Vgl. Fritz, W. (1995): S. 24 mit Verweis auf Martin, A. (1989): S. 310: „Prominenter Vertreter eines situativen Ansatzes ist KARL POPPER."

vermag die Situation, in der ein Ereignis stattfindet, die Propensität stark beeinflussen (verstärken oder abschwächen).[334] Dieser Situationsbezug öffnet den Blick für die Multikausalität des realen Geschehens.[335]

Im Rahmen des situativen Ansatzes wird der Anspruch, welcher einer allgemeinen Theorie unterliegt, im Hinblick auf eine Generalisierbarkeit aufgegeben, um zumindest auf **mittlerem Abstraktionsniveau** Aussagen herauszuarbeiten.[336] Basis des Ansatzes ist die **Kongruenz-Effizienz-Hypothese**, nach der die Effizienz eines Unternehmens umso höher ist, je stärker der „Fit", also die Übereinstimmung zwischen Situation, Struktur und Verhalten ist.[337] Damit wird der Erkenntnis Rechnung getragen, dass Organisationsstrukturen in der Praxis in unterschiedlicher Ausgestaltung trotzdem zum Unternehmenserfolg beitragen können. Daraus wird deutlich, dass es keinen „one best way" des Organisierens gibt.[338] Stattdessen werden gleiche Situationen zu Situationsklassen zusammengefasst und mit Hilfe der Einflussfaktoren generalisierbare Aussagen getroffen.[339]

4.1.2 Einflussfaktoren

Die jeweilige Situation, welche durch multikausale Ansätze erfasst wird, wird als komplexes Konstrukt definiert. Dabei werden sowohl Situations- als auch Kontextvariablen einbezogen, die als Einflussgröße auf die optimale Gestaltung wirken.[340] Die situativen Bedingungen können geprägt sein von beispielsweise der Unternehmenskultur, von Branchenmerkmalen, der Wettbewerbsart oder Qualifikationsmerkmalen der Mitarbeiter.[341] Tabelle 13 zeigt die maßgeblichen **Einflussfaktoren** der Organisationsstruktur.[342] Die Auswahl dieser Variablen erfolgt abhängig von der Fragestellung, sodass die relevanten Einflussgrößen auf ihre Auswirkung auf die Aktionsparameter zu analysieren sind.[343] Ergebnis ist ein Entscheidungsmodell, welches abhängig

---

[334] Vgl. Popper, K. R./ Eccles, J. C. (1982): S. 48f.

[335] Vgl. Fritz, W. (1995): S. 22 und Armbrecht, W. (1992): S. 150.

[336] Vgl. Hübner, H./ Jahnes, S. (1998): S. 55, Staehle, W. H. (1979): S. 218 und Piller, T. (2000): S. 12.

[337] Vgl. Balderjahn, I./ Specht, G. (2020): S. 56. Ergebnis sind sogenannte „Wenn-Dann-Hypothesen". Armbrecht, W. (1992): S. 181.

[338] Vgl. Scherm, E./ Pietsch, G. (2007): S. 35.

[339] Vgl. Staehle, W. H. (1979): S. 218.

[340] Vgl. Kieser, A./ Kubicek, H. (1992): S. 57–59, Scherm, E./ Pietsch, G. (2007): S. 37, Schnauffer, R. (1999): S. 36 und Siedenbiedel, G. (2020): S. 90–92.

[341] Zu den wesentlichen Ergebnissen der einzelnen Denkschulen siehe Armbrecht, W. (1992): S. 182–184. Hiebl, M. R. W. (2021) zeigt auf, dass im Rahmen der „Upper-Echelson-Theorie" eine Erweiterung des situativen Ansatzes um Charakteristika, wie Alter, funktionale Erfahrung, Ausbildung erfolgt. Siehe Hiebl, M. R. W. (2021): S. 4.

[342] Vgl. Scherm, E./ Pietsch, G. (2007): S. 36.

[343] Vgl. Hübner, H./ Jahnes, S. (1998): S. 57 und Schnauffer, R. (1999): S. 44.

von den situativen Variablen optimale Lösungen für die Strukturen vorschlägt.[344] Die Aussagen, welche über funktionale oder kausale Zusammenhänge gebildet wurden, nehmen die Form von Hypothesen an.[345]

Dimensionen	Faktorengruppe	Einflussfaktoren
intern	gegenwartsbezogen	• Leistungsprogramm • Größe • Fertigungstechnik • Informationstechnik • Rechtsform und Eigentumsverhältnisse
intern	vergangenheitsbezogen	• Konkurrenzverhältnisse • Kundenstruktur • Entwicklungsstadium der Organisation
extern	aufgabenspezifische Umwelt	• Alter der Organisation • Art der Gründung • Dynamik der technischen Entwicklung
extern	globale Umwelt	• gesellschaftliche Bedingungen • kulturelle Bedingungen

Tabelle 13: Einflussfaktoren der Organisationsstruktur[346]

Die Dimensionen der Organisationsstruktur bzw. die **Gestaltungsvariablen**, die entsprechend den Einflussfaktoren gestaltet werden können, sind:[347]

• **Spezialisierung**: Grad der Arbeitsteilung
• **Formalisierung**: Grad der schriftlichen Fixierung in Form des Vorhandenseins von Verfahrensrichtlinien und Regeln
• **Standardisierung**: Ausmaß der Vorprogrammierung der Aufgabenerfüllung
• **Zentralisierung**: Grad der Zentralisierung von Entscheidungskompetenzen
• **Konfiguration**: beispielsweise Hierarchieebenen, Kontrollspanne
• **Flexibilität**: Veränderbarkeit der Organisationsstruktur

---

[344] Vgl. Staehle, W. (1999): S. 51 und Schnauffer, R. (1999): S. 35.
[345] Vgl. Staehle, W. H. (1979): S. 219.
[346] In Anlehnung an Kieser, A. (2019): S. 175.
[347] Vgl. Scherm, E./ Pietsch, G. (2007): S. 37.

Der dritte Bestandteil sind die **Erfolgsvariablen.** Diese repräsentieren die Kriterien zur Messung der Effizienz oder Effektivität. Auswahlkriterium ist die beste Abbildung des Erfolgs, damit sie die Wirkung des situationsadäquaten Verhaltens aufzeigen.[348]

In der Literatur wird die analytische Variante des Kontingenzansatzes, welche sich streng an statistischen Überlegungen orientiert,[349] abgegrenzt von der handlungsorientierten oder auch pragmatischen Variante.[350] Die **pragmatische Variante** konzentriert sich auf die Deduktion operativ umzusetzender Gestaltungsempfehlungen (Wie-Fragen, statt der Warum-Fragen des analytischen Ansatzes).[351] Das Vorgehen ist durch sachlogische Ableitungen geprägt, wozu die relative Vorteilhaftigkeit einzelner Lösungen abgewogen wird mit den gegebenen Zielen und Variablen.[352] Auf diesem Weg soll der größtmögliche „Fit" (Kompatibilität bzw. Stimmigkeit) zwischen Gestaltungsparameter und situativen Einflussgrößen erreicht werden,[353] wie es Abbildung 5 zeigt. Der Doppelpfeil ist der entscheidende Bereich, im dem die Therapie bzw. die organisatorische Gestaltung stattfindet.[354]

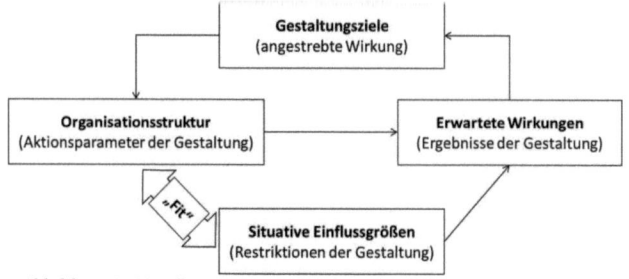

Abbildung 5: Handlungsorientiertes Grundmodell des situativen Ansatzes[355]

---

[348]   Vgl. Schnauffer, R. (1999): S. 37.
[349]   Vgl. Schnauffer, R. (1999): S. 38.
[350]   Vgl. Kieser, A./ Kubicek, H. (1992): S. 56 und Siedenbiedel, G. (2020): S. 90–94. Zur Relevanz von Kontingenzfaktoren im Controlling siehe Knollmann, R./ Hirsch, B./ Weber, J. (2008): S. 381.
[351]   Vgl. Kieser, A. (2019): S. 176, Schnauffer, R. (1999): S. 38f., Kieser, A./ Kubicek, H. (1992): S. S. 55f. und Siedenbiedel, G. (2020): 90, 92, 94f.
[352]   Vgl. Schnauffer, R. (1999): S. 38, Siedenbiedel, G. (2020): S. 92f.und Kieser, A./ Kubicek, H. (1992a): S. 59
[353]   Vgl. Scherm, E./ Pietsch, G. (2007): S. 40.
[354]   Vgl. Siedenbiedel, G. (2020): S. 94.
[355]   In Anlehnung an Kieser, A./ Kubicek, H. (1992): S. 60.

4.1.3 Kritik

Hauptkritikpunkte an dem Ansatz sind:[356]

- stark deterministisch und mechanische Sichtweise (Kontext diktiert stets und wird als unveränderbar angenommen),[357] Grundannahmen nicht haltbar (Vernachlässigung von Interessen und Macht, sowie übersteigertes Rationalitätsniveau)
- reine Betrachtung von messbaren Größen; qualitative Faktoren, wie Macht werden vernachlässigt
- Erkenntnisse sind häufig wenig überraschende Binsenweisheiten bzw. Trivialbefunde
- geringe Allgemeingültigkeit und Informationsgehalt der Aussagen
- inkonsistente Forschungsergebnisse, d. h. widersprüchliche Befunde
- Vergangenheitsorientierung, da die Empirie rückwärtsgerichtet und nicht in der Lage ist, visionäre Aussagen zu entfalten, bzw. Erklärungen für dynamische Phänomene zu liefern
- erhebliche methodische Schwierigkeiten (wichtige Merkmale nicht erfasst, statistische Verfahren nicht angemessen, Stichprobengröße und -repräsentativität mangelhaft, Korrelationen sehr weit streuend, Interdependenzen der Kontextvariablen nicht beachtet) und dadurch systematischer Vergleich kaum möglich
- Dataismusvorwurf, d. h., dass nicht theoriegeleitet Hypothesen entworfen werden,[358] sondern wild „Dinge" korreliert und die darauf aufgedeckten Zusammenhänge als „Befunde" bezeichnet werden
- Vernachlässigung der Möglichkeit, die Situation zu beeinflussen[359]

4.1.4 Anwendung als Rahmenkonzept

Zur **Anwendung** des situativen Ansatzes als **Rahmenkonzept**[360] auf andere Sachverhalte wird eine weite Fassung des Begriffs ‚Organisation'

---

[356] Vgl. Balderjahn, I./ Specht, G. (2020): S. 56, Staehle, W. H. (1979): S. 220f., Scherm, E./ Pietsch, G. (2007): S. 41, Wolf, J. (2020): S. 218–228 und Kieser, A. (2019): S. 179, 183f., 187.

[357] Staehle, W. H. (1979) verweist der Unveränderbarkeit des Kontexts zurecht auf Chandler, welcher 1962 explizit nicht im Hinblick auf strategische Entscheidungen des Managements die Aussage getroffen hat: „structure follows context/situation", sondern „structure follows strategy". Staehle, W. H. (1979): S. 221 und siehe Chandler, A. D. (2013): S. 14. Dies ist jedoch nicht unumstritten, da Organisationsstruktur auch als innere Handlungsrestriktion definiert werden kann, welche die Strategiewahl beeinflussen kann, sodass die These „structure leads to strategy" ebenfalls vertretbar ist. Vgl. Urselmann, M. (2006): S. 38.

[358] Vgl. Fritz, W. (1995): S. 25.

[359] Vgl. Urselmann, M. (2006): S. 38.

[360] Vgl. Armbrecht, W. (1992): S. 11.

76

verwendet.[361] Nachdem die Leitidee des Ansatzes im Sinne eines „Postulat[s] situativer Relativierung"[362] für die Gestaltung beinahe jeder Art von Teilsystem (z. B. Rechnungswesen, Controlling, Marketing, Produktion oder Finanzierung) verwendet wurde,[363] sind die Anwendungsgebiete in der Betriebswirtschaftslehre bereits seit einigen Jahrzehnten auch in Bereichen wie der Analyse von Erfolgsfaktoren, der Planung und der Unternehmensbewertung[364] zu finden.[365] Explizit wird neben der Anwendung bei der Auswahl von Systemen auf die hierfür geeigneten Instrumente verwiesen.[366] Diese sind hinsichtlich der Gestaltungsdimensionen in den Bereich der Standardisierung oder Programmierung einzuordnen.[367] Voraussetzung für die Anwendung ist, dass das Anwendungsgebiet durch die prinzipielle Existenz von Wahlmöglichkeiten gekennzeichnet ist.[368]

Insofern eine Anwendung im Hinblick auf eine Verfahrens- bzw. Instrumentenauswahl vorgenommen wird, ist der in Abbildung 6 gezeigte Zusammenhang gültig.

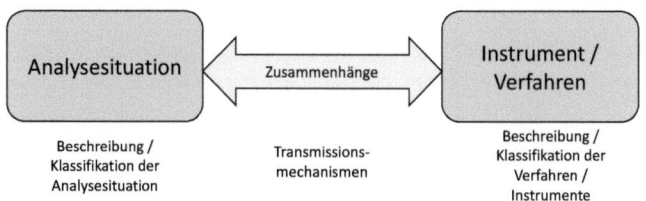

Abbildung 6: Grundstruktur des situativen Ansatzes bei der Instrumente- / Verfahrensauswahl[369]

4.2 Bewertungszweck

Zuerst sind die zentralen Bewertungszwecke im Hinblick auf eine nachhaltigkeitsorientierte Bewertung herauszustellen, um dem **Zweckadäquanzprinzip**

361   Bea, F. X./ Göbel, E. (2019) differenzieren in den prozessorientierten, instrumentellen und institutionellen Organisationsbegriff. Siehe Bea, F. X./ Göbel, E. (2019): S. 25, Thommen, J.-P. et al. (2020): S. 486 und Siedenbiedel, G. (2020): S. 1–4.

362   Jacobs, S. (1992): S. 83, Armbrecht, W. (1992) spricht von „situationsbezogene Relativierung". Armbrecht, W. (1992) Armbrecht, W. (1992b): S. 9

363   Vgl. Hübner, H./ Jahnes, S. (1998): S. 58, Kasper, C. (2016): S. 47 und 404 - 457 und Schnauffer, R. (1999): S. 35f.

364   Siehe Coenenberg, A./ Schultze, W. (2002): S. 598.

365   Vgl. Urselmann, M. (2006): S. 38f., Jacobs, S. (1992): S. 83, Fritz, W. (1995): S. 22–24 und Henselmann, K. (1999): S. 399–495.

366   Vgl. Hübner, H./ Jahnes, S. (1998): S. 59 und Siedenbiedel, G. (2020): S. 2.

367   Vgl. Kieser, A. (2019): S. 172.

368   Vgl. Armbrecht, W. (1992): S. 187.

369   In Anlehnung an Henselmann, K. (1999): S. 401.

der klassischen Unternehmensbewertung Rechnung zu tragen. Die Relevanz dieser Einflussgröße in der Unternehmensbewertung konnte durch Brösel, G./ Hauttmann, R. (2007a) deutlich herausgestellt werden. In ihrer Studie **beeinflusst** in über 70 % der Unternehmensbewertungen der **Bewertungszweck** die Wahl der Bewertungsmethode maßgeblich.[370]

Dabei ist grundsätzlich zu beachten, dass diejenige Bewertungsmethode, die zu einem **aussagekräftigen Bewertungsergebnis** führt, in jedem Fall zu präferieren ist. Zum einen ist dies erforderlich, um eine adäquate Vergleichbarkeit zwischen den Bewertungsobjekten zu schaffen.[371] Zum anderen gewährleistet dies ein eindeutig interpretierbares Ergebnis und eine damit verbundene klare Handlungsempfehlung in Form eines eindeutigen Entscheidungskalküls.[372]

Infolgedessen wird eine Bewertung in ausschließlich qualitativer Form abgelehnt und eine **Quantifizierung** vorgezogen, um eine hohe Aussagekraft des Bewertungsergebnisses im Sinne einer eindeutigen Entscheidungsgrundlage zu erreichen.[373] Darüber hinaus kann sowohl die nichtmonetäre als auch die monetäre Form in der nachhaltigkeitsorientierten Unternehmensbewertung grundsätzlich zielführend sein. Auf beiden Wegen wird das Ziel der Quantifizierung umgesetzt, welche einen hohen Erfüllungsgrad bei der Aussagekraft und Eindeutigkeit der Ergebnisse bewirkt. Welche der beiden Formen (monetär / nichtmonetär) besser geeignet ist, muss auf Basis der situativen Faktoren, insbesondere dem Bewertungszweck, erfolgen. Zusätzlich sind die folgenden konkreten Anforderungen in Verbindung mit den spezifischen Bewertungszwecken zu beachten.

Zum einen steht im Mittelpunkt der klassischen Unternehmensbewertung die Ermittlung eines **monetären Unternehmenswerts**.[374] Auch wenn dieser im Rahmen der Bewertung der Nachhaltigkeitsleistung nicht zwangsläufig im Fokus steht,[375] wird in der Praxis oftmals eine Integration von Nachhaltigkeitsaspekten in die **Preisfindung** beim Kauf, einer Fusion oder beim Börsengang angestrebt. Zudem begründet die Nachhaltigkeitsleistung auch unabhängig vom finanziellen Erfolgspotenzial in vielen Fällen eine höhere oder

---

[370] Vgl. Brösel, G./ Hauttmann, R. (2007a): S. 228.
[371] Vgl. Schwerk, A. (2015): S. 538 und Gebhardt, B./ Kefer, I. (2019): S. 87.
[372] Vgl. Faupel, C./ Stremmel, F. (2011): S. 300 und Matschke, M. J./ Brösel, G. (2013): S. 767.
[373] Vgl. Berlin, S. et al. (2015): S. 9, Weber, J./ Wendt, K. (2016): S. 238 und Klöpffer, W. (2008): S. 93.
[374] Vgl. Brösel, G./ Hauttmann, R. (2007a): S. 229.
[375] Vgl. Friesenbichler, R. (2015): S. 1033, Bliefert, F. (2019): S. 49, Rees, W. E./ Wackernagel, M. (1999): S. 50f.

niedrigere Zahlungsbereitschaft.[376] Bestärkt wird dieser Ansatz durch den nachgewiesenen Einfluss defizitärer Leistungen im Nachhaltigkeitsbereich auf die Preissetzung im Rahmen von M & A-Transaktionen.[377] Folglich ist bei dieser Zielsetzung ein **monetäres** Bewertungsergebnis bei der angewandten Bewertungsmethode unter Beachtung der folgenden **Gründe** erstrebenswert:

- Ein monetäres Bewertungsergebnis gewährleistet, dass die Auswirkungen der Nachhaltigkeitsleistung der Bewertungsobjekte eindeutig dargestellt werden und zusätzlich eine Integration in die finanzielle Unternehmensbewertung erfolgen kann.[378]
- Die Abbildung der Nachhaltigkeitsleistung in Form eines einheitlichen, monetären Werts ermöglicht eine besonders hohe Vergleichbarkeit sowie eine Reduktion der Komplexität, die es ermöglicht, Unternehmen trotz unterschiedlicher Nachhaltigkeitsindikatoren zu vergleichen.[379]

Zum Zweiten kann die Unternehmensbewertung auch das Ziel der **Unternehmenssteuerung** als Nebenfunktion der Unternehmensbewertung erfüllen.[380] Auch vor diesem Hintergrund ist die Bewertung der Nachhaltigkeitsleistung relevant, da bereits eine Integration dieser Sachverhalte in das Zielsystem vieler Unternehmen mit einer wertorientierten Unternehmensführung in Form eines Nachhaltigkeitswertes erfolgt und beispielsweise im Rahmen von langfristigen Investitions- und Geschäftsentscheidungen berücksichtigt werden.[381] Auch hierbei stellt ein monetäres Bewertungsergebnis einen relevanten Faktor bei der Wahl der adäquaten Bewertungsmethode dar, denn neben den bereits genannten Vorteilen kann insbesondere auch eine Integration in das monetäre Zielsystem der internen Steuerung erfolgen.[382]

Zum Dritten stellt die Ermittlung eines **Entscheidungswerts** in Form des subjektiven Nutzens bzw. Zielerfüllungsgrads der Unternehmensleistung einen zentralen Bewertungszweck dar.[383] Vor allem im Rahmen nicht dominierter

---

[376] Vgl. Hartzmark, S. M./ Sussman, A. B. (2019): S. 2790, Tober, C. et al. (2020): S. 28.
[377] Vgl. Harder, O. (2020), Rozen, A. (2019): S. 10.
[378] Vgl. Sailer, U. (2020): S. 170 und Schwaiger et al. (2018): S. 54.
[379] Vgl. Schwerk, A. (2015): S. 529, Wellbrock, W./ Ludin, D./ Krauter, S. (2020): S. 34 und Sailer, U. (2020): S. 163.
[380] Vgl. Schäfer, H. (2015): S. 994 und Zimek, M./ Baumgartner, R. J. (2020): S. 713.
[381] Vgl. Duhr, A./ Haller, A. (2013): S. 9, Feichter, C./ Grabner, I. (2020): S. 156 und Engweiler, C. et al. (2017): S. 13.
[382] Vgl. Sailer, U. (2020): S. 170 und Schwaiger et al. (2018): S. 54.
[383] Vgl. Weber, A. (2015): S. 935, Bergius, S. (2015): S. 1013 und Berlin, S. et al. (2015): S. 5.

Bewertungsanlässe, insbesondere bei M & A-Transaktionen, dienen diese der Entscheidungsunterstützung, um das Risiko[384] aus nicht rational getroffenen Kaufentscheidungen zu mindern. [385] In diesem Zusammenhang besteht ein zunehmendes Interesse, auch die Nachhaltigkeitsleistung bei einer Investitionsentscheidung zu berücksichtigen und damit die subjektiv nachhaltigste Kapitalanlage zu bestimmen. [386] Zudem ist die Berücksichtigung der Nachhaltigkeitsleistung auch im Rahmen der Kreditwürdigkeitsprüfung relevant[387] und wird teilweise bereits zur Entscheidung für oder gegen die Finanzierung herangezogen. [388]

Dabei steht nicht nur der zukünftige Nutzen des Unternehmenseigentümers im Fokus, sondern auch der Nutzen anderer Anspruchsgruppen, im Speziellen der Gesellschaft. [389] Dieser sei als positives Merkmal des Unternehmens in der Anlageentscheidung zu berücksichtigen,[390] was insbesondere durch die zahlreichen nachhaltigen Anlageformen und das steigende nachhaltige Anlagevolumen deutlich wird. [391] Um dies zu erreichen, ist jedoch nicht zwingend ein monetäres Bewertungsergebnis erforderlich. Insbesondere vor dem Hintergrund der Kritik an der Monetarisierung aufgrund der Problematik bei der Verrechnung und einer defizitären Berücksichtigung nichtfinanzieller qualitativer und strategischer Informationen sowie der daraus resultierenden geminderten Aussagekraft des ermittelten Werts der Nachhaltigkeitsleistung, kann ein **quantitatives, nichtmonetäres Bewertungsergebnis** eine bessere Entscheidungsgrundlage darstellen. [392]

Insgesamt ergeben sich daher drei zu betrachtende Bewertungszwecke. Diese implizieren neben der bereits ausgeführten notwendigen Form des Bewertungsergebnisses einen Unterschied in der Stellung des Bewertungssubjekts zum Bewertungsobjekt durch den **unternehmensinternen oder -externen Bewertungsansatz.** [393] Dies resultiert in unterschiedlichen Anforderungen an

---

[384] Zur Risikodefinition siehe Jonen, A. (2008): S. 5–33.
[385] Vgl. Kley, W.-D./ Eichhorn, N. (2011): S. 240, Stegmann, R. (2002): S. 44 und Duhr, A./ Haller, A. (2013): S. 24.
[386] Vgl. Schäfer, H. (2015): S. 993, Döpfner, C. (2016): S. 61 und Stremlau, S. (2016): S. 197.
[387] Vgl. Baumast, A. (2015): S. 958–959, Kopp, H. E. (2016): S. 2, Mayer, K. (2020): S. 122–123.
[388] Vgl. Baumast, A. (2015): S. 958f., Frese, M. et al. (2021): S. 145 und Schluep, I. (2020): 1f.
[389] Vgl. Bliefert, F. (2019): S. 49, Riano, J. D./ Yakovleva, N. (2020): S. 109.
[390] Vgl. Hartzmark, S. M./ Sussman, A. B. (2019): S. 2831, Mayer, K. (2020): S. 131.
[391] Vgl. Grunow, H.-W./ Zender, C. (2020): S. 5, Tober, C. et al. (2020): S. 8.
[392] Vgl. Coenenberg, A. G./ Schultze, W./ Wahl, M. (2010): 107 f., Schwerk, A. (2015): S. 513 und Sailer, U. (2020): S. 170.
[393] Vgl. Brösel, G./ Hauttmann, R. (2007a): S. 227, Andes, L. et al. (2019): S. 48 und Matschke, M. J./ Brösel, G. (2013): S. 111.

die Bewertungsmethode auf Basis der für die Durchführung der Bewertung notwendige Datengrundlagen.

Zum einen sind dies die externen Bewertungen, bei denen die Anlage- oder Kaufentscheidung und damit die **Vergleichbarkeit** von Unternehmen im Mittelpunkt steht,[394] sowie die Bestimmung eines **monetären Unternehmenswerts**. Dabei ist bei der Wahl der Bewertungsmethode, trotz der verbesserten und sehr umfangreichen Nachhaltigkeitsberichterstattung von Unternehmen,[395] dennoch darauf zu achten, dass diese auf öffentlich zugänglichen Informationen basiert.[396] Zum anderen wird im Rahmen einer internen Unternehmensbewertung nachfolgend die Integration der Nachhaltigkeitsleistung zur internen Steuerung berücksichtigt, die eine **externe Verfügbarkeit** der **Informationsgrundlage** nicht zwingend voraussetzt.

4.3   Bewertungsobjekt

Die zweite relevante Variable einer Bewertungssituation ist das bzw. die zu **bewertende(n) Unternehmen**.[397] In der Studie von Brösel, G./ Hauttmann, R. (2007a) wurde deutlich, dass in der finanziellen Unternehmensbewertung insbesondere die Größe sowie die Branchenzugehörigkeit des Bewertungsobjekts relevante Einflussgrößen sind.[398] Auch wenn in einigen Studien die Nachhaltigkeitsleistung abhängig von der Unternehmensgröße variiert,[399] wird ebenso betont, dass sich dadurch keine methodischen Unterschiede in der Bewertung der Nachhaltigkeitsleistung ergeben.[400] Daher bleibt diese Variable im Folgenden unberücksichtigt.

Des Weiteren ergeben sich Unterschiede in der **Relevanz** einzelner **Nachhaltigkeitskriterien** zwischen Unternehmen des industriellen und des Dienstleistungssektors, die insbesondere im IAB-Betriebspanel von 2018 herausgestellt werden konnten. Speziell bei Unternehmen der Dienstleistungsbranche ist eine unterdurchschnittliche Relevanz der ökologischen Nachhaltigkeit festzustellen,[401] sodass bei diesen Unternehmen eine Bewertung der sozialen Komponenten ausreichend sei.[402] Im Gegensatz dazu sei jedoch aufgrund des

---

[394]   Vgl. Schäfer, H. (2015): S. 993, Bassen, A./ Gödker, K. (2014): S. 338 und Bini, L./ Bellucci, M. (2020): S. 3.

[395]   Vgl. Haßler, R. (2016): S. 177, Haberstock, P. (2019): S. 11 und Baldarelli, M.-G./ Del Baldo, M./ Nesheva-Kiosseva, N. (2017): S. 162.

[396]   Vgl. Schäfer, H./ Sauter, F. (2016): S. 117 und Bini, L./ Bellucci, M. (2020): S. 61.

[397]   Vgl. Brösel, G./ Hauttmann, R. (2007a): S. 228, Haberstock, P. (2019): S. 11–12.

[398]   Vgl. Brösel, G./ Hauttmann, R. (2007a): S. 228.

[399]   Vgl. BMWi (2019): S. 2.

[400]   Vgl. Bellmann, L./ Koch, T.): S. 8, Engweiler, C. et al. (2017): S. 13.

[401]   Vgl. Bellmann, L./ Koch, T.): S. 20, BMWi (2019): S. 3, Weber, G./ Weber, M. (2021): S. 35.

[402]   Vgl. Hummel, K. (2018): S. 274, Witting, H./ Karg, L. (2019): S. 670 .

hohen Anteils an Dienstleistungsunternehmen in der Wirtschaft auch ihr Beitrag zur ökologischen Nachhaltigkeit relevant.[403]

Diese Divergenzen werden vor allem bei einem Vergleich der Nachhaltigkeitsleistung von Unternehmen heterogener Branchen und Unternehmensaktivitäten relevant, wenn bspw. ein Akquisitionsvorhaben nicht auf eine spezifische Geschäftstätigkeit ausgerichtet ist.[404] Dies setzt ein Bewertungskonzept voraus, das die Vergleichbarkeit der Nachhaltigkeitsleistung unter Berücksichtigung der **Branchenzugehörigkeit** und der damit verbundenen unterschiedlichen Ausgangslage gewährleistet, indem ein Einbezug der Branchenzugehörigkeit in der Informationsaggregation vorgenommen werden kann.[405]

Ein solches Vorgehen erfordert im Speziellen den häufig angewandten Best-in-Class-Ansatz, der die Nachhaltigkeitsleistung in Bezug auf das Nachhaltigkeitsniveau der Branche im Sinne einer **relativen Nachhaltigkeit** festlegt.[406] Dies kann durch eine unterschiedliche Gewichtung einzelner Nachhaltigkeitsfaktoren entsprechend der Relevanz in der jeweiligen Branche erzielt werden oder durch einen Vergleich mit dem Branchendurchschnitt, also einer branchenorientierten Aggregation.[407] Insgesamt ist bei der Wahl der Bewertungsmethode daher zu berücksichtigen, ob homogene oder heterogene Geschäftstätigkeiten zu betrachten sind.

4.4 Bewertungssubjekt

Eine weitere Variable der Bewertungssituation ist das Bewertungssubjekt, bei dem insbesondere die subjektiven Wertvorstellungen, aber auch die Subjektidentität zu betrachten sind. Gerade bei der Nachhaltigkeitsbewertung erfährt die subjektorientierte Betrachtung eine hohe Relevanz, da das **individuelle Ziel- und Präferenzsystem** von Bewertungssubjekten in diesem Kontext deutlich voneinander abweichen kann.[408] Dabei sind vor allem die zentralen Nachhaltigkeitskonzepte der ökonomischen und der ethischen Orientierung zu berücksichtigen, die sowohl in Studien zu den Motiven nachhaltiger

---

[403] Vgl. Cocca, S./ Meiren, T. (2013): S. 11.
[404] Vgl. Müller, F. et al. (2009): S. 22, Schäfer, H. (2020): S. 372, Weber, J./ Wendt, K. (2016): S. 247.
[405] Vgl. Friesenbichler, R. (2015): S. 1028 und Schäfer, H. (2020): S. 372.
[406] Vgl. Bellmann, L./ Koch, T.): S. 11, Döpfner, C./ Schneider, H.-A. (2012): S. 11.
[407] Vgl. Friesenbichler, R. (2015): S. 1028, Geisler, S./ Schrader, U. (2002): S. 46 und Schäfer, H. (2020): S. 372.
[408] Vgl. Ausberg, L. et al. (2015): S. 226.

Kapitalanlagen[409] und M & A-Transaktionen[410], als auch zu den Gründen zur Integration in die Unternehmensführung herausgestellt werden konnten.[411]

Darüber hinaus ist im Sinne der ethischen Orientierung eine Unterscheidung zwischen dem Konzept der starken und der schwachen Nachhaltigkeit zu beachten, die sich durch die Substitution der Kapitalarten und damit der Aggregation der Sachverhalte unterschiedlicher Dimensionen unterscheiden.[412] Besonders bei Zugrundelegung des Konzepts der starken Nachhaltigkeit und der damit verbundenen Ablehnung einer Substitution der unterschiedlichen Kapitalarten wird eine dimensionsübergreifende Aggregation stark kritisiert.[413] Daher wird in diesen Fällen eine Bewertungsmethode gefordert, die von einer **Aggregation** der Nachhaltigkeitsdimensionen **absieht**. Allerdings erschwert eine solche Darstellung durch geringe Übersichtlichkeit und hohe Komplexität das Treffen einer eindeutigen Aussage über die gesamte Nachhaltigkeitsleistung des Unternehmens und damit auch die Schlussfolgerung im Rahmen der internen Steuerung oder der Entscheidungsfindung.[414] Infolgedessen wird in anderen Fällen weiterhin eine Aggregation zugunsten einer höheren Aussagekraft, Kommunizierbarkeit sowie Vergleichbarkeit befürwortet.

Darüber hinaus ist unter Berücksichtigung des Konzepts der starken Nachhaltigkeit eine monetäre Darstellung unverhältnismäßig, da so analog zur Aggregation der Nachhaltigkeitsdimensionen eine mögliche Substitution des Sozial- und Naturkapitals durch das Sachkapital suggeriert würde.[415] Dies wird in diesem Nachhaltigkeitskonzept stark kritisiert,[416] sodass ein monetäres Bewertungsergebnis kein geeignetes Strukturelement der Bewertungsmethode darstellt, um der situativen Einflussgröße gerecht zu werden.

Eine weitere Differenzierung ist bei einer ökonomischen Orientierung obsolet, da dabei grundsätzlich die schwache Nachhaltigkeit, das heißt eine Substitution durch Sachkapital verfolgt und damit auch eine dimensionsübergreifende Aggregation akzeptiert wird. Hinsichtlich der Form des Bewertungsergebnisses ist dabei jedoch eine **monetäre Betrachtung** sinnvoll, um eine

---

[409]   Vgl. Häßler, R. D. (2017): S. 8 und Morgenstern, K. (2020): S. 46–48.
[410]   Vgl. Rozen, A. (2019): S. 6–7.
[411]   Vgl. Engweiler, C. et al. (2017): S. 13.
[412]   Vgl. Andes, L. et al. (2019): S. 54, Figge, F./ Hahn, T. (2004a): S. 127, Hauff, M. von (2014): S. 56.
[413]   Vgl. Hauff, M. von (2014): S. 56 und Sailer, U. (2020): S. 187.
[414]   Vgl. Coenenberg, A. G./ Schultze, W./ Wahl, M. (2010): S. 107 ff., Weber, J./ Wendt, K. (2016): S. 238 und Duhr, A./ Haller, A. (2013): S. 41.
[415]   Vgl. Kleine, A. (2009): S. 173 und Rees, W. E./ Wackernagel, M. (1999): S. 49 f.
[416]   Vgl. Sailer, U. (2020): S. 170 f., Bartelmus, P. (1992): S. 250 und Hauff, M. von (2014): S. 61.

Einordnung der Nachhaltigkeitsleistung in Verbindung zum wirtschaftlichen Erfolg zu ermöglichen.[417]

Zusätzlich zum Nachhaltigkeitsverständnis ist im Sinne der Subjektidentität eine Unterscheidung dahingehend vorzunehmen, dass die Bewertung durch den Bewertungsempfänger selbst oder durch eine dritte Person, wie einem Wirtschaftsprüfer oder einer Ratingagentur, durchgeführt wird.[418] Insbesondere vor dem Hintergrund divergierender Wertvorstellungen einer guten Nachhaltigkeitsleistung kann einer Bewertung durch ein anderes Bewertungssubjekt eine andere Normierung zugrunde gelegt werden, die in der Interpretation der Bewertungsergebnisse zu berücksichtigen ist.[419] In einem solchen Fall hat die **Nachvollziehbarkeit** der Informationsverarbeitung eine hohe Relevanz, um eine Transparenz der Entscheidungsfindung und die intersubjektive Überprüfbarkeit sicherzustellen.[420] Folglich ist die Nachvollziehbarkeit der Informationsverarbeitung bei der Auswahl der Bewertungsmethode im Zuge der Bewertung durch Dritte zu berücksichtigen.

4.5 Bewertungskomplexität

Zuletzt ist neben den Variablen des Bewertungszwecks, -objekts und -subjekts auch die akzeptierte bzw. gewünschte Bewertungskomplexität ausschlaggebend.[421] Zunächst zeigt sich die Relevanz dieser Variablen bereits in der klassischen Unternehmensbewertung. Hier wird in einigen Fällen die DCF-Methode trotz der hohen Komplexität bevorzugt,[422] während in anderen Situationen die Multiplikatorverfahren aufgrund der praktikablen Anwendung herangezogen werden.[423] Damit wird ersichtlich, dass in unterschiedlichen **Bewertungssituationen andere Anforderungen** an die Bewertungskomplexität gestellt werden.

Darüber hinaus konnte dies auch in der Studie von Brösel, G./ Hauttmann, R. (2007b) nachgewiesen werden, bei der knapp 13 % der Bewertungssubjekte eine hohe **theoretische Grundlage** bei der Bewertung von Unternehmen vorsehen. Darunter kann bei der Nachhaltigkeitsbewertung zum einen der

---

417 Vgl. Sailer, U. (2020): S. 170 und Glanze, E./ Nüttgens, M./ Ritzrau, W. (2021): S. 162–164.
418 Vgl. Ballwieser, W./ Hachmeister, D. (2016): S. 1, Matschke, M. J./ Brösel, G. (2013): S. 110–111.
419 Vgl. Döpfner, C. (2016): S. 59, Figge, F. (2000): S. 41, Matschke, M. J./ Brösel, G. (2013): S. 111.
420 Vgl. Schäfer, H./ Sauter, F. (2016): S. 121, Faupel, C./ Stremmel, F. (2011): S. 300 und Ruthardt, F./ Hachmeister, D. (2018): S. 49.
421 Vgl. Brösel, G./ Hauttmann, R. (2007a): S. 235–236, Matschke, M. J./ Brösel, G. (2013): S. 128.
422 Vgl. Behringer, S. (2020): S. 120, Brösel, G./ Hauttmann, R. (2007b): S. 294.
423 Vgl. Brösel, G./ Hauttmann, R. (2007b): S. 298 und Drefke, S. (2016): S. 14.

Grundsatz der Gesamtbewertung[424] und zum anderen das charakteristische Prinzip der dreidimensionalen Wertschöpfung als der zentrale Grundsatz der Nachhaltigkeit verstanden werden.[425] Beide Ansätze resultieren aus der Notwendigkeit dass die gesamte Leistung aus den Bereichen Ökologie und Soziales als Teil des Unternehmenswerts in die Bewertung einfließen soll. Zudem ist es bei der Konzentration auf ein hohes theoretisches Niveau sinnvoll, sowohl quantitative Informationen als auch qualitative Sachverhalte zu berücksichtigen,[426] um insbesondere die Erfassung der sozialen Leistung zu gewährleisten.[427] Daher ist vor allem eine Bewertungsmethode, die eine **umfassende** und **vollständige** Bewertung der Nachhaltigkeitsleistung garantiert, zu wählen.

Demgegenüber berücksichtigten über 80 % der Bewertungssubjekte vor allem **praktische Überlegungen** in der Wahl der Bewertungsmethode. In diesen Fällen stellt die Praktikabilität der Informationsverarbeitung einen zentralen Aspekt dar. Demnach ist das richtige Maß an Komplexität durch einen angemessenen Umfang an berücksichtigten Informationen unter Nichtbeachtung von Einzelkriterien ohne maßgeblichen Einfluss zu wählen,[428] was auch dem Prinzip der Subjektivität der klassischen Unternehmensbewertung entspricht.[429] Demnach bestünde unter dem Aspekt der Praktikabilität keine Notwendigkeit einer dreidimensionalen Bewertung der Unternehmen, wenn dies mit den Wertvorstellungen des Bewertungssubjekts vereinbar ist.[430] Zudem ist die dabei vorzunehmende Komplexitätsreduktion ebenso als Grundprinzip der Betriebswirtschaftslehre und damit auch in der Unternehmensbewertung allgemein akzeptiert.[431] Aus diesem Grund wird sie im Folgenden auch für eine praktikable Bewertung akzeptiert, um die Bewertung mit einem angemessenen Aufwand, d. h., einem angemessenen Kosten-Nutzen-Verhältnis, durchführen zu können.[432]

Zuletzt ist noch zu erwähnen, dass weitere Studien zum Ergebnis kommen, dass bei der Bewertung sowohl praktische als auch theoretische Überlegungen

[424]   Vgl. Matschke, M. J./ Brösel, G. (2013): S. 786 und Follert, F. (2020): S. 15.
[425]   Vgl. Gebhardt, B./ Kefer, I. (2019): S. 86 und Wendt, K. (2015): S. 968.
[426]   Vgl. Friesenbichler, R. (2015): S. 1035 und Döpfner, C./ Schneider, H.-A. (2012): S. 14
[427]   Vgl. Wilkens, I. (2012): S. 19, Ausberg, L. et al. (2015): S. 259 und Klöpffer, W. (2008): S. 92.
[428]   Vgl. Schwerk, A. (2015): S. 538 und Stremlau, S. (2016): S. 201.
[429]   Vgl. Follert, F. (2020): S. 14, Friesenbichler, R. (2015): S. 1028 und Drefke, S. (2016): S. 15.
[430]   Vgl. Friesenbichler, R. (2015): S. 1028.
[431]   Vgl. Follert, F. (2020): S. 171–173 und Andes, L. et al. (2019): S. 48.
[432]   Vgl. Paulesich, R. et al.): S. 41, Schäfer, H. (2003): S. 81 f. und Wunder, S. et al. (2019): S. 101.

als relevant eingestuft werden.[433] In diesen Fällen steht also der Anspruch an eine vollständige Nachhaltigkeitsbewertung **gleichgewichtet** neben dem Wunsch einer praktikablen Bewertung.

4.6 Übersicht der situativen Faktoren und der Bewertung

Insgesamt ergibt sich so ein komplexes Konstrukt möglicher Ausprägungen an Bewertungssituationen, deren Variablen im Sinne des situativen Ansatzes im Weiteren als situative Einflussgrößen bezeichnet werden. Die relevanten Aspekte können der nachfolgenden Abbildung 7 entnommen werden.

Abbildung 7: Ausprägungen der Bewertungssituation

Anhand der Eigenschaften, die in Bezug auf die einzelnen situativen Einflussgrößen in den vorangegangenen Kapiteln herausgestellt wurden, konnte eine Punktebewertung der relevanten Bewertungsmethoden vorgenommen werden. Diese zeigen die situative Vorteilhaftigkeit der Bewertungsmethode in Bezug auf die unterschiedlichen situativen Einflussgrößen. Zusammengefasst kann die Bewertung Tabelle 14 entnommen werden:

---

[433]   Vgl. Matschke, M. J./ Brösel, G. (2013): S. 128 und Brösel, G./ Hauttmann, R. (2007a): S. 233.

86

Situative Einflussgröße		LCA	CCF	MKA	Ökon. Bewertung	SustV	SVA & EnVA
Bewertungszweck	Entscheidungsunterstützung	1	3	5	5	5	4
	monetäre Wertermittlung	1	2	3	5	5	4
	interne Steuerung	1	3	3	5	5	4
Bewertungsobjekt	homogene Geschäftstätigkeit	5	5	5	5	5	5
	heterogene Geschäftstätigkeit	1	1	5	1	5	5
Nachhaltigkeitskonzept	ökonomische Orientierung	1	1	1	5	5	5
	ethische Orientierung i. V. m. starker Nachhaltigkeit	5	5	3	1	1	3
	ethische Orientierung i. V. m. schwacher Nachhaltigkeit	5	5	5	5	5	5
Subjektidentität	Bewertungsempfänger ≠ Bewertungssubjekt	5	4	1	4	3	3
	Bewertungsempfänger = Bewertungssubjekt	5	5	5	5	5	5
Bewertungskomplexität	theoretische Überlegungen	3	1	5	2	3	3
	praktische Überlegungen	1	2	4	2	4	4
	theoretische und praktische Überlegungen	2	1	4	2	3	3
5: hohe Übereinstimmung			...		1: Anforderung nicht erfüllt		

Tabelle 14: Übereinstimmungsgrad Anforderungen und Methoden

Mithilfe dieser Bewertung kann die situativ vorteilhafteste Bewertungsmethode in Abhängigkeit von den situativen Einflussgrößen bestimmt werden. Der relative Beitrag der einzelnen Einflussgrößen, das heißt die Relevanz (Bewertungsmethode weist eine hohe Übereinstimmung mit den einzelnen Variablen einer Bewertungssituation auf) kann dabei jedoch variieren, da sich dies je nach Bewertungssubjekt und -situation ebenfalls unterscheidet.[434] Auf dieser Basis ist unter Berücksichtigung der konkreten Bewertungssituation die optimale Bewertungsmethode im Sinne der pragmatischen Variante des situativen Ansatzes zu ermitteln.

---

[434] Vgl. Kieser, A./ Kubicek, H. (1992): S. 205 und Brösel, G./ Hauttmann, R. (2007a): S. 227.

5 Referenzmodell zur Auswahl des adäquaten Konzeptes

5.1 Aufbau

Konnte auf Basis der situativen Anforderungen die Eignung der einzelnen Bewertungsmethoden evaluiert werden, ist mithilfe dieser Informationen im Sinne der pragmatischen Variante des situativen Ansatzes die situativ vorteilhafteste Methode zur Bewertung der Nachhaltigkeitsleistung von Unternehmen zu ermitteln. Dazu bietet sich trotz der Kritik am Scoring-Modell[435] die Anwendung dieser nutzerabhängigen Entscheidungshilfe aufgrund der hohen Transparenz und Nachvollziehbarkeit an. Zudem können situative Anpassungen im Rahmen der Bewertungskriterien und der Gewichtungen vorgenommen und ein dimensionsloses Bewertungsergebnis ermittelt werden, sodass auch qualitative Daten einbezogen werden können. Daher wird im Folgenden die **Struktur** eines **Scoring-Modells** zur Ermittlung der situativ vorteilhaftesten Bewertungsmethode gestaltet.

Zunächst sind die Bewertungskriterien K_i zu bestimmen, unter denen die Handlungsalternativen A_j bewertet werden sollen. Grundsätzlich soll die Bewertungsmethode ermittelt werden, die den höchsten Übereinstimmungsgrad mit dem Bewertungszweck, -objekt und -subjekt sowie der gewünschten Bewertungskomplexität erzielt. Damit stellen diese situativen Einflussgrößen respektive der Übereinstimmungsgrad der Bewertungsmethode zu diesen Ausprägungen eine Mehrfachzielsetzung bei der Wahl der Bewertungsmethode, also die fünf Bewertungskriterien K_1 bis K_5, dar. Welche konkreten Ausprägungen, bspw. welcher Bewertungszweck oder welches Nachhaltigkeitskonzept dabei als Bewertungskriterien heranzuziehen sind, hängt jedoch von der individuellen Bewertungssituation ab, sodass eine **Anpassung** je **Bewertungssituation** vorzunehmen ist.

Weiterhin sind zur Gestaltung des Scoring-Modells die zu berücksichtigenden **Alternativen** A_j zu bestimmen, aus denen die vorteilhafteste Variante gewählt werden soll. Dazu werden die zuvor analysierten Bewertungsmethoden herangezogen, da diese in Praxis und Literatur die aktuell relevantesten Alternativen darstellen.[436] Daher ergeben sich die Bewertungsmethoden A_1 bis A_6 als Handlungsalternativen.

---

[435] Siehe Kühnapfel, J. B. (2021): S. 11 f.
[436] Siehe Kapitel 3.2.

Darüber hinaus sind die **Gewichtungen** g_i der **Bewertungskriterien** festzulegen, sodass für die Gesamtgewichtung G_i gilt: $0 \leq g_i \leq 1$ mit $\sum_{i=1}^{n} g_i = 1$. Die relative Bedeutung der situativen Einflussgrößen kann dabei je Bewertungssituation variieren, was einen zentralen Bestandteil der pragmatischen Variante des situativen Ansatzes darstellt. Folglich ist gegebenenfalls eine Anpassung der Gewichtung vorzunehmen, um der Relevanz der situativen Einflussgrößen je Bewertungssituation gerecht werden zu können. Zusätzlich kann eine situative Einflussgröße als Ausschlusskriterium wirken, wenn die Übereinstimmung der Bewertungsmethode mit einer situativen Einflussgröße auf jeden Fall gewährleistet sein soll. Dabei kann die hohe Subjektivität des Scoring-Modells, die einen häufigen Kritikpunkt dieser Methode darstellt,[437] genutzt werden, um die Gewichtung ausgehend von der Relevanz der Einflussgrößen unter Berücksichtigung der Interessen des Bewertungssubjekts zu gestalten.

Des Weiteren ist der **Erfüllungsgrad** e_{ij} der einzelnen Bewertungsmethoden A_j hinsichtlich der Bewertungskriterien K_i zu ermitteln, wozu die Evaluation hinsichtlich der Übereinstimmung mit den situativen Einflussgrößen heranzuziehen ist (siehe Tabelle 14). Dabei wird die zuvor deduzierte Punktebewertung auf der fünfstufigen Kardinalskala als Erfüllungsgrad hinsichtlich der einzelnen situativen Einflussgrößen bzw. der Bewertungskriterien K_i genutzt. Demnach wird eine hohe Übereinstimmung mit der situativen Einflussgröße weiterhin mit dem Zielerfüllungsgrad „5" gekennzeichnet, während die Nichtbeachtung dieser Anforderung durch eine „1" gekennzeichnet wird. Abschließend können über die kardinal skalierten Teilbewertungen b_{ij} hinsichtlich der einzelnen Bewertungskriterien die kardinal skalierte, dimensionslose Gesamtbewertung B_j der Handlungsalternativen berechnet und eine Rangfolge der Bewertungsmethoden ausgewiesen werden.

Insgesamt weist die Grundstruktur des Scoring-Modells damit folgende Form (Tabelle 15) auf, beispielhaft dargestellt für zwei Bewertungsmethoden:

---

[437]   Vgl. Kühnapfel, J. B. (2021): S. 14.

Bewertungs-kriterien K_i	Gewich-tung g_i	Bewertungsme-thode A_1		Bewertungsme-thode A_2	
		Erfül-lungs-grad e_{i1}	Teilbewer-tung b_{i1}	Erfül-lungs-grad e_{i2}	Teilbewer-tung b_{i2}
Bewertungszweck	K_1 g_1	e_{11}	$b_{11} = g_1 \times e_{11}$	e_{12}	$b_{12} = g_1 \times e_{12}$
Bewertungsobjekt	K_2 g_2	e_{21}	$b_{21} = g_2 \times e_{21}$	e_{22}	$b_{22} = g_2 \times e_{22}$
Werteverständnis	K_3 g_3	e_{31}	$b_{31} = g_3 \times e_{31}$	e_{32}	$b_{32} = g_3 \times e_{32}$
Subjektidentität	K_4 g_4	e_{41}	$b_{41} = g_4 \times e_{41}$	e_{42}	$b_{42} = g_4 \times e_{42}$
Bewertungskomplexi-tät	K_5 g_5	e_{51}	$b_{51} = g_5 \times e_{51}$	e_{52}	$b_{52} = g_5 \times e_{52}$
Gesamtbewertung B_j			$\sum \sum_{i-1}^{n} b_{i1} = B_1$		$\sum \sum_{i-1}^{n} b_{i2} = B_2$

Tabelle 15: Grundstruktur des Scoring-Modells[438]

Zur Ermittlung der situativ vorteilhaftesten Bewertungsmethode sind daher lediglich noch die Ausprägungen der situativen Einflussgröße ausgehend von der Bewertungssituation als Bewertungskriterien K_1 bis K_5 zu bestimmen und bei Bedarf die Gewichtung dieser, also g_1 bis g_5, anzupassen. Das genaue Vorgehen wird dazu in den zwei folgenden Modellsituationen veranschaulicht.

5.2 Anwendungsbeispiel

Um das entwickelte Modell testen zu können, werden im Folgenden mehrere Situationen konstruiert und es wird analysiert, was die hieraus resultierende Empfehlung für eine Bewertungsmethode ist. Zunächst wird die Beurteilung der Nachhaltigkeitsleistung im Rahmen der internen Steuerung bei einer

---

[438] In Anlehnung an Schäfer, H./ Sauter, F. (2016): S. 125.

branchenübergreifenden Bewertung sowie einer ökonomischen Orientierung betrachtet. Weiterhin wird in diesem Beispiel davon ausgegangen, dass im Rahmen der Bewertungskomplexität die Vollständigkeit sowie die Praktikabilität gleich relevant sind. Zudem wird von einer Bewertung für Dritte ausgegangen, sodass eine transparente Ermittlung des Bewertungsergebnisses vorteilhaft ist. Nachfolgend werden in Tabelle 16 dazu die Gesamtbewertungen B_j ausgewiesen, die auf Basis der antizipierten Gleichgewichtung der Bewertungskriterien ($g_i = 0,2$) und der abgebildeten Erfüllungsgrade e_{ij} berechnet wurden.

Bewertungskriterien K_l		Gewichtung g_i	A_1: LCA	A_2: CCF	A_3: MKA	A_4: Ökon. Bewertung	A_5: SustV	A_6: SVA & EnVA
Bewertungszweck	K_1: interne Steuerung	0,2	1	3	3	5	5	4
Bewertungsobjekt	K_2: heterogene Geschäftstätigkeit	0,2	1	1	5	1	5	5
Nachhaltigkeitskonzept	K_3: ökonomische Orientierung	0,2	1	1	1	5	5	5
Subjektidentität	K_4: Bewertungsempfänger $\neq$ Bewertungssubjekt	0,2	5	4	1	4	3	3
Bewertungskomplexität	K_5: theoretische und praktische Überlegungen	0,2	2	1	4	2	3	3
Gesamtbewertung B_j			2,0	2,0	2,8	3,4	4,2	4,0
Rang			5	5	4	3	1	2

Tabelle 16: Erste Modellsituation im Scoring-Modell[439]

---

439   Siehe für eine umfangreiche Darstellung zur Berechnung der Teilnutzwerte Anhang E.

Auf Basis dieser Bewertung ist zu erkennen, dass die Anwendung des **SustV** den Anforderungen der Bewertungssituation am besten gerecht wird und in diesem Fall die situativ vorteilhafteste Bewertungsmethode darstellt.

In einer weiteren Modellsituation wird die Evaluation der Nachhaltigkeitsleistung angenommen, um eine Entscheidung für ein Akquisitionsvorhaben zwischen Unternehmen einer Branche auf Basis einer selbst durchgeführten Bewertung mit dem Hintergrund einer ethischen Orientierung und der starken Nachhaltigkeit zu treffen. Darüber hinaus wird hier zugrunde gelegt, dass die Bewertungskomplexität insbesondere von dem Wunsch einer praktikablen Bewertung geprägt ist. Auf Basis dieser Bewertungskriterien und dargestellten Erfüllungsgrade e_{ij} ergibt sich mit den Gewichtungen $g_i = 0,2$ (wiederum Gleichgewichtung) die in Tabelle 17 ausgewiesene Gesamtbewertung.

Bewertungskriterien K_i		Gewichtung g_i	A_1: LCA	A_2: CCF	A_3: MKA	A_4: Ökon. Bewertung	A_5: SustV	A_6: SVA & EnVA
Bewertungszweck	K_1: Entscheidungsunterstützung	0,2	1	3	5	5	5	4
Bewertungsobjekt	K_2: homogene Geschäftstätigkeit	0,2	5	5	5	5	5	5
Nachhaltigkeits-konzept	K_3: ethische Orientierung i. V. m. starker Nachhaltigkeit	0,2	5	5	3	1	1	3
Subjektidentität	K_4: Bewertungsempfänger = Bewertungssubjekt	0,2	5	5	5	5	5	5
Bewertungskomplexität	K_5: praktische Überlegungen	0,2	1	2	4	2	4	4
Gesamtbewertung B_j			3,4	4,0	4,4	3,6	4,0	4,2
Rang			5	3	1	4	3	2

Tabelle 17: Zweite Modellsituation im Scoring-Modell

Somit wird die MKA in dieser Bewertungssituation als situativ vorteilhafteste Bewertung empfohlen, um die Bewertung der Nachhaltigkeitsleistung vorzunehmen.

Wird hingegen der Übereinstimmung der Bewertungsmethode mit dem Nachhaltigkeitskonzept eine höhere Relevanz zugeordnet, kann die Erfüllung dieser Anforderung als Ausschlusskriterium definiert werden. Damit ist eine Wahl zwischen der LCA und dem CCF als zwei verbliebenen Handlungsalternativen A_j, zu treffen. Bei der nachfolgenden Eruierung der Teil- und Gesamtbewertungen in Tabelle 18 stellt sich der CCF als die situativ vorteilhafteste Bewertungsmethode heraus, sodass eine Entscheidung auf dieser Basis empfohlen wird, wenn weiterhin keine vollständige Bewertung erforderlich ist.

Bewertungskriterien K_i		Gewichtung g_i	A_1: LCA	A_2: CCF	A_3: MKA	A_4: Ökon. Bewertung	A_5: SustV	A_6: SVA & EnVA
Bewertungszweck	K_1: Entscheidungsunterstützung	0,25	1	3				
Bewertungsobjekt	K_2: homogene Geschäftstätigkeit	0,25	5	5				
Nachhaltigkeitskonzept	K_3: ethische Orientierung i. V. m. starker Nachhaltigkeit	K.O.	(5)	(5)				
Subjektidentität	K_4: Bewertungsempfänger = Bewertungssubjekt	0,25	5	5				
Bewertungskomplexität	K_5: praktische Überlegungen	0,25	1	2				
Gesamtbewertung B_j			3	3,75				
Rang			2	1				

Tabelle 18: Zweite Modellsituation mit Ausschlusskriterium im Scoring-Modell

Generell sollte nach Abschluss der Nutzwertanalyse zur Prüfung der Robustheit der Reihenfolge eine Sensitivitäts- bzw. Sensibilitätsanalyse durchgeführt werden.[440]

---

[440]   Vgl. Kühnapfel, J. B. (2021): S. 81.

6 Fazit

Eine durchgeführte **Meta-Analyse** von 26.000 Fällen hat gezeigt, dass nachhaltige Aktivitäten im Sinne des Unternehmenswertes. aber auch hinsichtlich anderer relevanter ökonomischer Größen, grundsätzlich positiv beurteilt werden. Bezüglich der Einbeziehung nachhaltiger Faktoren im Rahmen von Akquisitionen konnte ermittelt werden, dass die Faktoren gerade auch als K.-o.-Kriterien eine steigende Bedeutung haben. Auch der im weiteren Verlauf verwendete situative Ansatz wurde in der Praxis bereits angewandt.

Diese Vorteilhaftigkeit des situativen Ansatzes kann auch über die Komplexität der Nachhaltigkeitsbewertung sowie mit Blick auf den Grundsatz der Bedarfsgerechtigkeit und einem adäquaten Kosten-Nutzen-Verhältnis hergeleitet werden. Zunächst sind dabei als zentrale situative **Einflussfaktoren** der **Bewertungszweck** (z. B. monetäre versus nicht-monetäre Bewertung), das -**objekt** (z. B. Art der Geschäftstätigkeit), das -**subjekt** (z. B. verwendetes Nachhaltigkeitskonzept) und die -**komplexität** (z. B. Grad der Praktikabilität). zu berücksichtigen. Zudem sind unterschiedliche **Anforderungen** zur situativ optimalen nachhaltigkeitsorientierten Bewertung zu beachten, die die Gestaltung der Informationserfassung und -verarbeitung sowie das Bewertungsergebnis betreffen.

Daher wurde ein Scoring-Modell entwickelt, mit dem die situative Vorteilhaftigkeit weiterer relevanter Methoden der Nachhaltigkeitsbewertung unter Berücksichtigung der individuellen Bewertungssituation und einer subjektiven Gewichtung der situativen Einflussgrößen ermittelt werden kann. Insbesondere wurden lebenszyklusbasierte Konzepte,[441] die ökonomische Bewertung[442] sowie das Konzept des Sustainable Value-Ansatzes[443] analysiert. Auf dieser Basis können für die Praxis konkrete Handlungsempfehlungen abgeleitet werden, welche Bewertungsmethode herangezogen werden sollte. So wird eine **bedarfsgerechte**, nachhaltigkeitsorientierte Unternehmensbewertung sichergestellt, ohne zwangsläufig eine Monetarisierung der Nachhaltigkeitsleistung oder eine dimensionsübergreifende Aggregation vornehmen zu müssen. Insbesondere im Hinblick auf den steigenden Einfluss der Nachhaltigkeitsleistung auf M & A-Transaktionen kann auf diese Weise eine zielgerichtete

---

[441] Siehe Kapitel 3.4.
[442] Siehe Kapitel 3.3.
[443] Siehe Kapitel 3.6.

Bewertungsmethode ermittelt und eine adäquate Bewertung sichergestellt werden.

Weiterhin ist dabei die grundsätzliche **Kritik** an der Methode des Scoring-Modells zu beachten. Zum einen ist die Verrechnung unterschiedlichster Zielsetzungen zu kritisieren, was dem zentralen Kritikpunkt der Inkommensurabilität entspricht. Zum anderen ist insbesondere die Subjektivität der Bewertung der Handlungsalternativen zu beachten. Diese konnte weitestgehend transparent und unter Heranziehung unterschiedlicher Bewertungen aus der Literatur objektiv gestaltet werden. Dennoch kann eine Verifizierung der Evaluation der einzelnen Bewertungsmethoden in Bezug auf die einzelnen situativen Einflussgrößen sinnvoll sein. Dies könnte durch eine Punktebewertung der Übereinstimmungen der Bewertungsmethoden mit den Anforderungen der situativen Einflussgrößen mithilfe derselben fünfstufigen Kardinalskala durch Experten der Nachhaltigkeitsbewertung erfolgen. Darüber hinaus sollte insgesamt eine empirische Überprüfung im Sinne der analytischen Variante des situativen Ansatzes erfolgen, um mögliche weitere situative Einflussgrößen sowie Abhängigkeiten zwischen den Einflussgrößen festzustellen.[444] Damit könnten gegebenenfalls Aussagen über die Relevanz der situativen Einflussgrößen und damit eine pauschale Gewichtung der Bewertungskriterien ermittelt werden.

Das Vorgehen kann nicht das **Problem** der **Validität** beheben, welches aus einer nicht hinreichenden Spezifizierung des Konstruktes ‚Nachhaltigkeit‘ resultiert.[445] Es ist jedoch durchaus in der Lage, auf Basis der deduzierten Anforderungen zur Gestaltung einer situativ optimalen Bewertung sowie mithilfe des Scorings der Bewertungsmethoden in spezifischen Bewertungssituationen weiteres Verbesserungspotenzial der Bewertungsmethoden herbeizuführen. Insbesondere wenn die Gesamtbewertung im Scoring-Modell auch bei der situativ vorteilhaftesten Bewertungsmethode nur zu einem geringen Übereinstimmungsgrad mit den Anforderungen der situativen Einflussgrößen führt, ist dies ein Ansatzpunkt für weitere Untersuchungen. Ausgehend von diesen Defiziten könnte eine Ergänzung der berücksichtigten Bewertungsmethoden im Scoring-Modell um weitere bestehende Ansätze oder eine Weiterentwicklung der berücksichtigten Bewertungsmethoden erfolgen, um die spezifischen, situativen Anforderungen adäquat zu erfüllen.

---

[444] Vgl. Kieser, A./ Kubicek, H. (1992): S. 56 und Siedenbiedel, G. (2020).
[445] Vgl. Diebecker, J./ Rose, C./ Sommer, F. (2021): S. 17.

Mit Blick auf die Bewertungsmethoden wird ein Feld für intensivere zukünftige Forschung die Integration der **Bioökonomie** sein.[446] Hier existieren zwar eine Reihe Zielkonkurrenzen, auf der anderen Seite aber auch eine Vielzahl von komplementären Zielen.[447] Der Bioökonomie könnte eine solche Bewertung bei der Immunisierung gegenüber der intensiv geübten Kritik aus ethisch-normativer Sicht helfen.[448]

---

[446]   Vgl. Jonen, A. (2022): S. 465 f.
[447]   Vgl. Weber, F. M. (2022): S. 447 f.
[448]   Vgl. Jonen, A. (2022): S. 466.

Literaturverzeichnis

Ahrend, K.-M. (2020): Beteiligungsmanagement. Erfolgreiche Führung von Holding- und Beteiligungsgesellschaften. Berlin: Springer Gabler.

Aktas, N./ Bodt, E. de/ Cousin, J.-G. (2011): Do financial markets care about SRI? Evidence from mergers and acquisitions. In: *Journal of Banking & Finance,* 35. Jg., H. 7, S. 1753–1761. DOI: 10.1016/j.jbankfin.2010.12.006.

Amel-Zadeh, A./ Serafeim, G. (2018): Why and how Investors use ESG Information: Evidence from a Global Survey. In: *Financial Analysts Journal,* 74. Jg., H. 3, S. 87–103. DOI: 10.2469/faj.v74.n3.2.

Andes, L./ Lützkendorf, T./ Kopfmüller/ Jürgen/ Rösch, C. (2019): Methodensammlung zur Nachhaltigkeitsbewertung. Grundlagen, Indikatoren, Hilfsmittel. Karlsruhe: Institut für Technikfolgenabschätzung und Systemanalyse (ITAS).

Andrews, E. S./ Barthel, L.-P./ Beck, T./ Benoît, C./ Ciroth, A./ Cucuzzella, C. et al. (2009): Guidlines for Social Life Cycle Assessment of Products. Paris: Umweltprogramm der Vereinten Nationen.

Armbrecht, W. (1992): Innerbetriebliche Public Relations. Grundlagen eines situativen Gestaltungskonzepts. Wiesbaden: VS Verlag für Sozialwissenschaften.

Arouri, M./ Gomes, M./ Pukthuanthong, K. (2019): Corporate social responsibility and M&A uncertainty. In: *Journal of Corporate Finance,* 56. Jg. H. June, S. 176–198. DOI: 10.1016/j.jcorpfin.2019.02.002.

Ausberg, L./ Ciroth, A./ Feifel, S./ Franze, J./ Kaltschmitt, M./ Klemmayer, I. et al. (2015): Lebenszyklusanalysen. In: Kaltschmitt, M. und Schebek, L. (Hg.): Umweltbewertung für Ingenieure. Berlin et al: Springer, S. 203–314.

Baldarelli, M.-G./ Del Baldo, M./ Nesheva-Kiosseva, N. (2017): Environmental Accounting and Reporting. Berlin: Springer International Publishing.

Balderjahn, I./ Specht, G. (2020): Einführung in die Betriebswirtschaftslehre. Stuttgart: Schäffer-Poeschel.

Ballwieser, W./ Hachmeister, D. (2016): Unternehmensbewertung. Prozess, Methoden und Probleme. 5. Aufl. Stuttgart: Schäffer-Poeschel.

Bartelmus, P. (1992): Accounting for Sustainable Growth and Development. In: *Structural Chance and Economic Dynamics,* 3. Jg., H. 2, S. 241–260.

Bassen, A./ Gödker, K. (2014): Mergers & Acquisitions: Einfluss nachhaltigkeitsorientierter Determinanten auf den Unternehmenswert. In: Schulz, T. und Bergius, S. (Hg.): CSR und Finance. Berlin et al: Springer Gabler, S. 327–340.

Bauer, C./ Schebek, L./ Schmidt, M. (2007): Lebenszyklusanalysen und Entscheidungswissen. Initiativen, Chancen und Perspektiven. In: *Technikfolgenabschätzung - Theorie und Praxis,* 16. Jg., H. 3, S. 10–16.

Baumast, A. (2015): Finanzmarkt und CSR. In: Schneider, A. und Schmidpeter, R. (Hg.): Corporate Social Responsibility. Berlin et al: Springer Gabler, S. 949–964.

Bea, F. X./ Göbel, E. (2019): Organisation. Theorie und Gestaltung. 5. Aufl. München: UVK Verlag.

Becker, W./ Ulrich, P./ Stradtmann, M. (2018): Geschäftsmodellinnovationen als Wettbewerbsvorteil mittelständischer Unternehmen. Wiesbaden: Springer Fachmedien.

Behringer, S. (2020): Eine kurze Geschichte der Unternehmensbewertung. Wiesbaden: Springer Fachmedien.

Bellmann, L./ Koch, T.: IAB-Forschungsbericht. Ökologische Nachhaltigkeit in deutschen Unternehmen: Empirische Ergebnisse auf Basis des IAB-Betriebspanels 2018. Institut für Arbeitsmarkt- und Berufsforschung (IAB) der Bundesagentur für Arbeit (BA) (Hrsg.). Nürnberg.

Belton, V./ Stewart, T. J. (2003): Multiple criteria decision analysis. An integrated approach. 2. Aufl. Boston: Kluwer.

Bereskin, F./ Byun, S. K./ Officer, M. S./ Oh, J.-M. (2018): The Effect of Cultural Similarity on Mergers and Acquisitions: Evidence from Corporate Social Responsibility. In: *Journal of Financial and Quantitative Analysis,* 53. Jg., H. 5, S. 1995–2039. DOI: 10.1017/S0022109018000716.

Bergius, S. (2015): CSR und Finanzmarkt – Investoren fordern ESG-Leistungen und Transparenz von Unternehmen. In: Schneider, A. und Schmidpeter, R. (Hg.): Corporate Social Responsibility. Berlin et al: Springer Gabler, S. 1003–1022. Online: https://doi.org/10.1007/978-3-662-43483-3_66.

Berlin, S./ Broil, B./ Brückner, R./ Grüner, M./ Günther, E./ Hornung, M. et al. (2015): Investitionscontrolling 2.0 – Planung und Realisierung von Investitionen zur Erreichung der Nachhaltigkeitsziele. Ansätze für die Controllingpraxis zur Integration ökologischer und sozialer Ziele in das Investitions- und Projektcontrolling. Internationaler Controller Verein e.V. Wörthsee.

Beske-Janssen, P./ Schaltegger, S./ Liedke, S. (2019): Performance measurement in sustainable supply chain management: linking research and practice. In: Sarkis, J. (Hg.): Handbook on the sustainable supply chain. Cheltenham: Edward Elgar Publishing Ltd, S. 331–356.

Bettinazzi, E. L. M./ Zollo, M. (2017): Stakeholder Orientation and Acquisition Performance. In: *Strategic Management Journal,* 38. Jg., H. 12, S. 2465–2485. DOI: 10.1002/smj.2672.

Biel, A. (2013): Nachhaltigkeitscontrolling — Interview mit Prof. Dr. Dr. h.c. mult. Péter Horváth und Prof. Dr. Ronald Gleich. In: *Controller Magazin,* 38. Jg., H. 2, S. 20–25.

Bini, L./ Bellucci, M. (2020): Integrated Sustainability Reporting. Linking Environmental and Social Information to Value Creation Processes. Cham: Springer.

Bliefert, F. (2019): Non-Profit-Organisationen wertorientiert steuern. In: *Controlling & Management Review,* 63. Jg., H. 7, S. 48–53. DOI: 10.1007/s12176-019-0049-y.

BMWi (2019): Das Thema Nachhaltigkeit hat die Mehrheit der Unternehmen erreicht. Eine repräsentative Unternehmensbefragung liefert aufschlussreiche Ergebnisse. In: *Schlaglichter der Wirtschaftspolitik, H.* 6, S. 1–4.

Brockmann, C./ Hansjürgens, B./ Hickel, C./ Kühling, W./ Lahl, U./ Linke, H. J. et al. (2015): Elemente von Umweltbewertungsmethoden. In: Kaltschmitt, M. und Schebek, L. (Hg.): Umweltbewertung für Ingenieure. Berlin et al: Springer, S. 43–172.

Brösel, G./ Hauttmann, R. (2007a): Einsatz von Unternehmensbewertungs-verfahren zur Bestimmung von Konzessionsgrenzen sowie in Verhand-lungssituationen. Eine empirische Analyse (Teil I). In: *Finanz-Betrieb, 9.* Jg., H. 4, S. 223–238.

Brösel, G./ Hauttmann, R. (2007b): Einsatz von Unternehmensbewertungs-verfahren zur Bestimmung von Konzessionsgrenzen sowie in Verhand-lungssituationen. Eine empirische Analyse (Teil II). In: *Finanz-Betrieb, 9.* Jg., H. 5, S. 293–309.

Brundtland, G. H. (1987): Report of the World Commission on Environment and Development: Our Common Future. World Commission on Environ-ment and Development (WCED) (Hrsg.). New York City.

Bundesverband Materialwirtschaft, Einkauf und Logistik e.V. (2021): BMW-Logistikstudie 2021: Nachhaltigkeit in Supply Chains. Eschborn.

Bundschuh, C./ Dresp, M./ Emunds, P. (2018): Nachhaltigkeit lohnt sich. Ge-sellschaft und Unternehmen im Wandel. Landesbank Baden-Württem-berg (Hrsg.). Stuttgart.

Bünger, B./ Matthey, A. (2018): Methodenkonvention 3.0 zur Ermittlung von Umweltkosten - Methodische Grundlagen. Umweltbundesamt (Hrsg.). Dessau-Roßlau.

Bünger, B./ Matthey, A. (2020): Methodenkonvention 3.1 zur Ermittlung von Umweltkosten. Umweltbundesamt (Hrsg.). Dessau-Roßlau.

Casey, G./ Lilienfeld, D./ Mezey, M./ Strecker, P./ Behrens, M. (2020): ESG consideration in M&A. In: *The M&A Lawyer,* 24. Jg., H. 7, S. 1–9.

Chandler, A. D. (2013): Strategy and structure. Chapters in the history of the industrial enterprise. Mansfield Centre: Martino Publishing.

Chen, E./ Gavious, I. (2015): Does CSR have different value implications for different shareholders? In: *Finance Research Letters,* 14. Jg. H. August, S. 29–35. DOI: 10.1016/j.frl.2015.07.001.

Chen, R. L. (2021): Bang for your (Green) Buck. The Effects of ESG Risk on US M&A Performance. Duke University. Durham.

Cho, S./ Chung, C./ Young, J. (2019): Study on the Relationship between CSR and Financial Performance. In: *Sustainability,* 11. Jg., H. 2, S. 1–26. DOI: 10.3390/su11020343.

Cinelli, M./ Coles, S. R./ Kirwan, K. (2014): Analysis of the potentials of multi criteria decision analysis methods to conduct sustainability assessment. In: *Ecological Indicators,* 138. Jg., H. 46, S. 138–148. DOI: 10.1016/j.ecolind.2014.06.011.

Cinelli, M./ Coles, S. R./ Sadik, O./ Karn, B./ Kirwan, K. (2016): A framework of criteria for the sustainability assessment of nanoproducts. In: *Journal of Cleaner Production,* 31. Jg., H. 126, S. 277–287. DOI: 10.1016/j.jclepro.2016.02.118.

Cocca, S./ Meiren, T. (2013): Green Services. Studie zu Trends und Perspektiven nachhaltiger Dienstleistungsangebote. 2. Aufl. Stuttgart: Fraunhofer Verlag.

Coenenberg, A./ Schultze, W. (2002): Unternehmensbewertung: Konzeption und Perspektiven. In: *Die Betriebswirtschaft,* 62. Jg., H. 6, S. 597–621.

Coenenberg, A. G./ Schultze, W./ Wahl, M. (2010): Unternehmensbewertung, nicht-finanzielle Ziele und Corporate Social Responsibility. In: Königs maier, H. und Rabel, K. (Hg.): Unternehmensbewertung. Theoretische Grundlagen - praktische Anwendung - Festschrift für Gerwald Mandl zum 70. Geburtstag. Wien: Linde, S. 107–141.

Corbo, C./ Lamastra, L./ Capri, E. (2014): From Environmental to Sustainability Programs: A Review of Sustainability Initiatives in the Italian Wine Sector. Sustainability, 6(4), 2133-2159. In: *Sustainability,* 6. Jg., H. 4, S. 2133–2159. DOI: 10.3390/SU6042133.

Dahl, J. (2019): Kriterien zur Bewertung von ökologischer Nachhaltigkeit in der Automobilindustrie – Eine Analyse aktueller Trends und angewandter Methoden. In: Wellbrock, W. und Ludin, D. (Hg.): Nachhaltiges Beschaffungsmanagement. Wiesbaden: Springer Fachmedien, S. 75–90. DOI: 10.1007/978-3-658-25188-8_5.

Dahlmann, F./ Branicki, L./ Brammer, S. (2019): Managing Carbon Aspirations: The Influence of Corporate Climate Change Targets on Environmental Performance. In: *Journal of Business Ethics,* 158. Jg., H. 1, S. 1–24. DOI: 10.1007/s10551-017-3731-z.

Damert, M./ Morris, J./ Guenther, E. (2020): Carbon Footprints of Organizations and Products. In: Leal, W. F., Azul, A. M., Brandli, L., Oezuyar, P.

G. und Wall, T. (Hg.): Responsible Consumption and Production. Berlin: Springer International Publishing, S. 59–72.

Deng, X./ Kang, J./ Low, B. S. (2013): Corporate social responsibility and stakeholder value maximization. Evidence from mergers. In: *Journal of Financial Economics*, 110. Jg., H. 1, S. 87–109. DOI: 10.1016/j.jfineco.2013.04.014.

Diebecker, J./ Rose, C./ Sommer, F. (2021): Bewertung unternehmerischer Nachhaltigkeitsleistung mittels Nachhaltigkeitsratings. In: *Controlling - Zeitschrift für erfolgsorientierte Unternehmenssteuerung*, 33. Jg., H. 6, S. 12–18. DOI: 10.15358/0935-0381-2021-6-12.

Döpfner, C. (2016): Wie nützlich sind Nachhaltigkeitsratings für eine nachhaltige Entwicklung von Unternehmen? In: Kopp, H. E. (Hg.): CSR und Finanzratings. Berlin et al: Springer, S. 55–63.

Döpfner, C./ Schneider, H.-A. (2012): Nachhaltigkeitsratings auf dem Prüfstand. Pilotstudie zu Charakter, Qualität und Vergleichbarkeit von Nachhaltigkeitsratings. Corporate Responsibility Interface Center (CRIC e.V.) (Hrsg.). Frankfurt a. M.

dos Santos Bernades, M./ Briem, S./ Krewitt, W./ Nill, Moritz, Rath-Nagel, Stefan/ Voß, A. (2002): Grundlagen zur Beurteilung der Nachhaltigkeit von Energiesystemen in Baden-Württemberg. Institut für Energiewirtschaft und Rationelle Energieanwendung - Universität Stuttgart. Stuttgart.

Drefke, S. (2016): Der Fortführungswert in der Unternehmensbewertung. Wiesbaden: Springer.

Duhr, A.; Haller, A. (Hg.) (2013): Management control and reporting of intangibles. Düsseldorf: Fachverlag der Verlagsgruppe Handelsblatt (Schmalenbach business review, Special issue 4).

Dyllick, T./ Hockerts, K. (2002): Beyond the business case for corporate sustainability. In: *Business Strategy and the Environment*, 11. Jg., H. 2, S. 130–141. DOI: 10.1002/bse.323.

Eisenbach, S./ Ettenhuber, C./ Schiereck, D./ Flotow, P. v. (2011): Beginning Consolidation in the Renewable Energy Industry and Bidders' M & A-Success. In: *Technology and Investment*, 2. Jg., H. 2, S. 81–91. DOI: 10.4236/ti.2011.22009.

Elkington, J. (2002): Cannibals with forks. The triple bottom line of 21st century business. Reprint. Oxford: Capstone.

Endenich, C./ Trapp, R. (2019): Nachhaltigkeitscontrolling in Klein- und Mittelunternehmen. In: Feldbauer-Durstmüller, B. und Mayr, S. (Hg.): Controlling – Aktuelle Entwicklungen und Herausforderungen. Wiesbaden: Springer Fachmedien, S. 229–246.

Engweiler, C./ Hasenstab/ Christian/ Schallhart, A./ Steinmüller, B. (2017): Studie zu nachhaltigen und demokratischen Unternehmen. SustainCo e. V. Lüneburg.

Europäische Kommission (2019): Mitteilung der Kommission an das Europäische Parlament, den Europäischen Rat, den Rat, die Europäische Zentralbank, den Europäischen Wirtschafts- und Sozialausschuss und den Ausschuss der Regionen Aktionsplan: Finanzierung nachhaltigen Wachstums. Europäische Kommission (Hrsg.). Brüssel. Online: https://op.europa.eu/de/publication-detail/-/publication/014e2fb6-22bb-11e8-ac73-01aa75ed71a1/language-de, Abruf: 01.06.2023.

Fatemi, A./ Fooladi, I./ Tehranian, H. (2015): Valuation effects of corporate social responsibility. In: *Journal of Banking & Finance, 59.* Jg. H. October, S. 182–192. DOI: 10.1016/j.jbankfin.2015.04.028.

Faupel, C./ Stremmel, F. (2011): Berücksichtigung von Nachhaltigkeit im Rahmen einer wertorientierten Unternehmensführung. In: *Zeitschrift für Controlling & Management (ZfCM), 55.* Jg., H. 5, S. 299–304. DOI: 10.1007/s12176-011-0089-4.

Feichter, C./ Grabner, I. (2020): Empirische Forschung zu Management Control – Ein Überblick und neue Trends. In: *Schmalenbachs Zeitschrift für betriebswirtschaftliche Forschung (ZfbF), 72.* Jg., H. 2, S. 149–181. DOI: 10.1007/s41471-020-00092-3.

Feng, X. (2021): The role of ESG in acquirers' performance change after M&A deals. In: *Green Finance, 3.* Jg., H. 3, S. 287–318. DOI: 10.3934/GF.2021015.

Figge, F. (2000): Öko-Rating - Ökologieorientierte Bewertung von Unternehmen. Berlin: Springer.

Figge, F./ Hahn, T. (2004a): Sustainable Value Added. Ein neues Maß des Nachhaltigkeitsbeitrags von Unternehmen am Beispiel der Henkel KGaA. In: *Vierteljahreshefte zur Wirtschaftsforschung,* 73. Jg., H. 1, S. 126–141.

Figge, F./ Hahn, T. (2004b): Sustainable Value Added—measuring corporate contributions to sustainability beyond eco-efficiency. In: *Ecological Economics,* 48. Jg., H. 2, S. 173–187. DOI: 10.1016/j.ecolecon.2003.08.005.

Figge, F./ Hahn, T. (2005): The Cost of Sustainability Capital and the Creation of Sustainable Value by Companies. In: *Journal of Industrial Ecology,* 9. Jg., H. 4, S. 47–58. DOI: 10.1162/108819805775247936.

Figge, F./ Hahn, T./ Illge, L. (2010): Von Schadens- zu Opportunitätskosten. In: *ÖW,* 25. Jg., H. 3, S. 30–34. DOI: 10.14512/oew.v25i3.1071.

Flammer, C. (2013): Corporate Social Responsibility and Shareholder Reaction: The Environmental Awareness of Investors. In: *Academy of Management Journal,* 56. Jg., H. 3, S. 758–781. DOI: 10.5465/amj.2011.0744.

Follert, F. (2020): Zur Unternehmensbewertung im Spruchverfahren aus interessentheoretischer Sicht. Wiesbaden: Springer Fachmedien.

Frese, M./ Häßler, R. D./ Kannegiesser, M./ Koch, N. S./ Marenbach, T. (2021): Nachhaltigkeit für die Finanzierung im Mittelstand nutzen. In: Schmitz, M. (Hg.): CSR im Mittelstand. Berlin et al: Springer Gabler, S. 145–170. DOI: 10.1007/978-3-662-61957-5_9.

Friede, G. (2019): Why don't we see more action? A metasynthesis of the investor impediments to integrate environmental, social, and governance factors. In: *Bus. Strat. Env.,* 28. Jg., H. 6, S. 1260–1282. DOI: 10.1002/bse.2346.

Friesenbichler, R. (2015): Socially Responsible Investment. In: Schneider, A. und Schmidpeter, R. (Hg.): Corporate Social Responsibility. Berlin et al: Springer Gabler, S. 1023–1041. DOI: 10.1007/978-3-662-43483-3_67.

Fritz, W. (1995): Marketing-Management und Unternehmenserfolg. Grundlagen und Ergebnisse einer empirischen Untersuchung. 2. Aufl. Stuttgart: Schäffer-Poeschel.

Fröhlich, E./ Buchta, C./ Malilo, N. (2015): Zur Integration von Nachhaltigkeitsrisiken in das Strategische Beschaffungsmanagement. In: Fröhlich,

E. (Hg.): CSR und Beschaffung. Berlin et al: Springer, S. 55–75. DOI: 10.1007/978-3-662-46231-7_3.

Gebhardt, B./ Kefer, I. (2019): Ansätze und Herausforderungen der Implementierung von ESG-Kriterien in Wettbewerben und der unternehmerischen Nachhaltigkeitsbewertung. In: *Vierteljahreshefte zur Wirtschaftsforschung,* 88. Jg., H. 3, S. 81–96.

Geisler, S./ Schrader, U. (2002): Auswertung wissenschaftlicher Anforderungen an die Nachhaltigkeitsbewertung von Unternehmen. Hannover (imug-Arbeitspapier, 14).

Georg, J./ Ströhm, C. H. (2012): Das unternehmerische Nachhaltigkeitsleitbild und dessen Umsetzung und Steuerung in relevanten Funktionsbereichen. In: *Zeitschrift für Controlling und Management (ZfCM),* 56. Jg., H. 4, S. 249–254. DOI: 10.1365/s12176-012-0401-y.

Giese, G./ Nagy, Z./ Lee, L.-E. (2020): Welche ESG-Kriterien waren die wichtigsten? Definition von Ereignis- und Erosionsrisiken. MSCI (Hrsg.). Online: https://www.msci.com/www/blog-posts/welche-esg-kriterien-waren-die/02195301241, Abruf: 01.06.2023.

Giudice, F./ La Rosa, G./ Risitano, A. (2006): Product Design for the Environment: A Life Cycle Approach. Boca Raton: CRC Press.

Glanze, E./ Nüttgens, M./ Ritzrau, W. (2021): Unternehmenserfolg durch Nachhaltigkeit – Reifegrad- und Vorgehensmodell zum Aufbau eines datenbasierten Nachhaltigkeitsmanagements. In: *HMD (Praxis der Wirtschaftsinformatik),* 58. Jg., H. 1, S. 155–166. DOI: 10.1365/s40702-020-00694-9.

Gminderm, C. U./ Bieker, T./ Dyllick, T./ Hockerts, K. (2002): Nachhaltigkeitsstrategien umsetzen mit einer Sustainability Balanced Scorecard. In: Schaltegger, S. und Dyllick, T. (Hg.): Nachhaltig managen mit der Balanced Scorecard. Konzept und Fallstudien. 1. Aufl. Wiesbaden: Gabler, S. 95–147.

Göbel, E. (2017): Unternehmensführung und Moral. 2. Aufl. Konstanz: UVK Verlagsgesellschaft mbH.

Göbel, E. (2020): Unternehmensethik als Basis einer integrierten nachhaltigen Unternehmensführung. In: Butzer-Strothmann, K. und Ahlers, F. (Hg.):

Integrierte nachhaltige Unternehmensführung. Berlin et al: Springer, S. 49–67. DOI: 10.1007/978-3-662-61168-5_4.

Gold, S./ Seuring, S./ Beske, P. (2010): Sustainable supply chain management and inter-organizational resources: a literature review. In: *Corporate Social Responsibility and Environmental Management,* 17. Jg. H. July/August, 230-245. DOI: 10.1002/csr.207.

Gomes, M. (2019): Does CSR influence M&A target choices? In: *Finance Research Letters,* 30. Jg. H. September, S. 153–159. DOI: 10.1016/j.frl.2018.09.011.

Gomes, M./ Marsat, S. (2018): Does CSR impact premiums in M&A transactions? In: *Finance Research Letters,* 26. Jg., S. 71–80. DOI: 10.1016/j.frl.2017.12.005.

Greiling, D./ Ther, D. (2010): Leistungsfähigkeit des Sustainable Value-Ansatzes als Instrument des Sustainability Controlling. In: Malinsky, A. H. und Prammer, H. K. (Hg.): Corporate sustainability. Der Beitrag von Unternehmen zu einer nachhaltigen Entwicklung in Wirtschaft und Gesellschaft Festschrift für em. o. Univ.-Prof. Ing. Dr. Adolf Heinz Malinsky. Wiesbaden: Springer Gabler, S. 37–68.

Grewal, J./ Serafeim, G. (2020): Research on Corporate Sustainability: Review and Directions for Future Research. In: *Foundations and Trends® in Accounting,* 14. Jg., H. 2, S. 73–127. DOI: 10.1561/1400000061.

Grunow, H.-W./ Zender, C. (2020): Green Finance. Wiesbaden: Springer Fachmedien.

Grunwald, A. (2020): Auf dem Weg zu einer nachhaltigen Bioökonomie. In: Konrad, W., Scheer, D. und Weidtmann, A. (Hg.): Bioökonomie nachhaltig gestalten. Perspektiven für ein zukunftsfähiges Wirtschaften. 1. Aufl. Wiesbaden: Springer Fachmedien Wiesbaden, S. 19–42.

Günther, E. (2014): Leistungssteuerung (II): Controllingsysteme zur Steuerung der Umweltleistung. In: Schulz, T. und Bergius, S. (Hg.): CSR und Finance. Berlin et al: Springer Gabler, S. 127–140.

Günther, E./ Nowack, M./ Hentschel, N. (2010): Entwicklung einer Methode zur monetären Bewertung des Wassers für ein Unternehmen unter Einbeziehung des Wasser-Fußabdrucks. In: *Dresdner Beiträger zur Lehre der betrieblichen Umweltökonomie,* *H.* 40. Online:

https://tud.qucosa.de/landing-page/?tx_dlf[id]=https%3A%2F%2Ftud.qucosa.de%2Fapi%2Fqucosa%253A25773%2Fmets, Abruf: 01.06.2023.

Haberstock, P. (2019): Impact M&A: Wirkungsorientierte M&A-Strategien. In: *M&A-Review*, 30. Jg. H. 1-2, S. 2–13.

Hahn, T./ Liesen, A./ Figge, F./ Barkemeyer, R. (2007): Nachhaltig erfolgreich Wirtschaften. Eine Untersuchung der Nachhaltigkeitsleistung deutscher Unternehmen mit dem Sustainable-Value-Ansatz. Bundesministerium für Bildung und Forschung (Hrsg.). Berlin.

Harder, O. (2020): Warum ESG so stark die M&A-Preise beeinflusst. In: *FINANCE*. Online: https://www.finance-magazin.de/deals/ma-deals/warum-esg-so-stark-die-ma-preise-beeinflusst-42658/, Abruf: 01.06.2023.

Hart, O./ Zingales, L. (2017): Serving Shareholders Doesn't Mean Putting Profit Above All Else. In: *Harvard Business Review, 96*. Jg., H. 12, S. 2–6.

Hartzmark, S. M./ Sussman, A. B. (2019): Do Investors Value Sustainability? A Natural Experiment Examining Ranking and Fund Flows. In: *The Journal of Finance,* 74. Jg., H. 6, S. 2789–2837.

Haßler, R. (2016): Fünf Fragen an Robert Haßler – CEO der oekom research AG. In: Kopp, H. E. (Hg.): CSR und Finanzratings. Berlin et al: Springer, 175-185.

Häßler, R. D. (2017): Nachhaltige Kapitalanlagen bei Privatanlegern. Ergebnisse einer repräsentativen Befragung von Finanzentscheidern in Privathaushalten in Deutschland. Institut für nachhaltige Kapitalanlagen (Hrsg.). München.

Hauff, M. von (2014): Nachhaltige Entwicklung. Grundlagen und Umsetzung. 2. Aufl. Berlin: Walter de Gruyter.

Hengstmann, R./ Seidel, S. (2014): Berechnung externer Umweltkosten: Die Ökologische Gewinn- und Verlustrechnung von PUMA. In: Schulz, T. und Bergius, S. (Hg.): CSR und Finance. Berlin et al: Springer Gabler, S. 179–191.

Henselmann, K. (1999): Unternehmensrechnungen und Unternehmenswert. Ein situativer Ansatz. Aachen: Shaker.

Hermann, B. G./ Kroeze, C./ Jawjit, W. (2007): Assessing environmental performance by combining life cycle assessment, multi-criteria analysis and environmental performance indicators. In: *Journal of Cleaner Production*, 15. Jg., H. 18, S. 1787–1796. DOI: 10.1016/j.jclepro.2006.04.004.

Hiebl, M. R. W. (2021): Einfluss von Chief Financial Officers auf die Ausgestaltung des Controllings. In: Becker, A. und Ulrich, P. (Hg.): Praxishandbuch Controlling. Springer Reference Wirtschaft. Wiesbaden: Springer; Gabler, S. 1–16. Online: https://doi.org/10.1007/978-3-658-04795-5_67-2.

Hirata, J. (2015): Gesellschaftliche und wirtschaftliche Einordnung. In: Griese, K.-M. (Hg.): Nachhaltigkeitsmarketing. Eine fallstudienbasierte Einführung. Wiesbaden: Springer Gabler, S. 87–105. DOI: 10.1007/978-3-658-05851-7_4.

Hottenroth, H./ Joa, B./ Schmidt, M. (2014): Carbon Footprints für Produkte. Handbuch für die betriebliche Praxis kleiner und mittlerer Unternehmen. Münster: Monsenstein und Vannerdat.

Hübner, H./ Jahnes, S. (1998): Management-Technologie als strategischer Erfolgsfaktor. Berlin: Walter de Gruyter.

Huizing, A./ Dekker, H. (1992): Helping to pull our planet out of the red: An environmental report of BSO/Origin. In: *Accounting, Organizations and Society*, 17. Jg., H. 5, S. 449–458. DOI: 10.1016/0361-3682(92)90040-Y.

Hummel, K. (2018): Nachhaltigkeitsberichterstattung in der Schweiz und in Deutschland - eine Textanalyse. In: Eberle, R., Oesch, D. und Pfaff, D. (Hg.): Jahrbuch zum Finanz- und Rechnungswesen 2018. Zürich: WEKA Business Media AG, S. 259–280.

Illge, L./ Schwarze, R. (2004): Messung von Nachhaltigkeit. In: *Vierteljahrshefte zur Wirtschaftsforschung*, 73. Jg., H. 1, S. 5–9.

Investopedia Team (2021): What Is Environmental, Social, and Governance (ESG) Investing? What impact is your investment making? Investopedia (Hrsg.). Online: https://www.investopedia.com/terms/e/environmental-social-and-governance-esg-criteria.asp, Abruf: 02.06.2023.

Ioannou, I./ Serafeim, G. (2015): The impact of corporate social responsibility on investment recommendations: Analysts' perceptions and shifting institutional logics. In: *Strategic Management Journal,* 36. Jg., H. 7, S. 1053–1081. DOI: 10.1002/smj.2268.

Jacobs, S. (1992): Strategische Erfolgsfaktoren der Diversifikation. Wiesbaden: Springer Gabler (88).

Janz, O./ Dallmann, L. (2020): Die Bedeutung von Nachhaltigkeit für die Kaufentscheidung im Modehandel. Ergebnisse einer repräsentativen Konsumentenbefragung. Norderstedt: Books on Demand.

Jonen, A. (2008): Kognitionsorientiertes Risikocontrolling. 1. Aufl. Lohmar: Eul-Verlag.

Jonen, A. (2022): Beschaffungscontrolling – ein wesentlicher Baustein zur Umsetzung von Bioökonomiestrategien. In: Jeschke, B. G. und Heupel, T. (Hg.): Bioökonomie. Impulse für ein zirkuläres Wirtschaften. Wiesbaden: Springer Fachmedien, S. 463–484. DOI: 10.1007/978-3-658-34322-4_22.

Jonen, A. (2023): Beschaffungsportfolios. Überblick – Bewertung – Referenzmodell. Wiesbaden: Springer Gabler.

Jonen, A./ Harbrücker, U. (2022): Investitionsrechenverfahren: Ergebnisse einer empirischen Analyse zu aktuellem Stand und historischen Trends. In: *Betriebswirtschaftliche Forschung und Praxis,* 74. Jg., H. 4, S. 448–481.

Jonen, A./ Lingnau, V. (2007): Das real existierende Phänomen Controlling und seine Instrumente. Eine kognitionsorientierte Analyse. Kaiserslautern: Lehrstuhl für Unternehmensrechnung und Controlling (Beiträge zur Controlling-Forschung, Nr. 13).

Jonen, A./ Lingnau, V./ Schmidt, T. (2006): Lynkeus - Kritischer Vergleich softwarebasierter Informationssysteme zur Unterstützung des Risikowirtschaftsprozesses. Beiträge zur Controlling-Forschung. Technische Universität Kaiserslautern. Fachbereich Wirtschaftswissenschaften. Online: https://kluedo.ub.uni-kl.de/frontdoor/index/index/docId/1768, Abruf: 01.06.2023, Kaiserslautern.

Kasper, C. (2016): Controlling im deutschen Teamsport. Eine empirische Analyse. 1. Aufl. Norderstedt: Books on Demand GmbH.

Kassem, E./ Trenz, O./ Hřebíček, J./ Faldík, O. (2016): Sustainability Assessment Using Sustainable Value Added. In: *Procedia - Social and*

Behavioral Sciences, 8. Jg., H. 220, S. 177–183. DOI: 10.1016/j.sbspro.2016.05.482.

Khan, M./ Serafeim, G./ Yoon, A. (2016): Corporate Sustainability: First Evidence on Materiality. In: *The Accounting Review,* 91. Jg., H. 6, S. 1697–1724. DOI: 10.2308/accr-51383.

Kiel, T. (2016): Wie die digitale Welt Unternehmen zu Nachhaltigkeit bewegt. In: Offenwanger, D. J. und Quandt, J. H. (Hg.): #sustainability – Wirtschaftsethische Herausforderung Digitalisierung. Impulse einer neuen Generation. 1. Auflage. München: Rainer Hampp Verlag, S. 75–80.

Kieser, A. (2019): Der Situative Ansatz. In: Kieser, A. und Ebers, M. (Hg.): Organisationstheorien. 8. Aufl. Stuttgart: Verlag W. Kohlhammer, S. 168–195.

Kieser, A./ Kubicek, H. (1992): Organisation. 3. Aufl. Berlin: De Gruyter.

Kleine, A. (2009): Operationalisierung einer Nachhaltigkeitsstrategie. Ökologie, Ökonomie und Soziales integrieren. 1. Aufl. Wiesbaden: Springer Gabler.

Kley, W.-D./ Eichhorn, N. (2011): Mergers & Aquisitions effizient gestalten. Aufbau eines M&A-Prozesses bei der MAN Diesel & Turbo SE. In: *Zeitschrift für Controlling & Management (ZfCM),* 55. Jg., H. 4, S. 239–243. DOI: 10.1007/s12176-011-0071-1.

Klöpffer, W. (2008): Life Cycle Sustainability Assessment of Products. In: *International Journal of Life Cycle Assessment,* 13. Jg., H. 2, S. 89–95.

Knollmann, R./ Hirsch, B./ Weber, J. (2008): Role Making für Controllerbereiche? – Eine empirische Analyse zu den Auswirkungen von Gestaltungsfreiräumen für Controllerbereiche. In: *Zeitschrift für Planung & Unternehmenssteuerung,* 18. Jg., H. 4, S. 365–386. DOI: 10.1007/s00187-007-0038-8.

Königshofer, P./ Kaltenegger, I. (2020): Social Aspects of Sustainability. In: Leal, W. F., Azul, A. M., Brandli, L., Oezuyar, P. G. und Wall, T. (Hg.): Responsible Consumption and Production. Berlin: Springer International Publishing, S. 655–668.

Kopp, H. E. (2016): Nachhaltigkeitsratings: Zur „Vermessung" von Nachhaltigkeit im Finanzbereich. In: Kopp, H. E. (Hg.): CSR und Finanzratings. Berlin et al: Springer, S. 1–28.

KPMG (2018): Integrating environmental, social and governance (ESG) due diligence into deals: How KPMG can help.

Kröll, M. (2007): Methode zur Technologiebewertung für eine ergebnisorientierte Produktentwicklung. Heimsheim: Jost-Jetter-Verlag.

Krüger, P. (2015): Corporate goodness and shareholder wealth. In: *Journal of Financial Economics,* 115. Jg., H. 2, S. 304–329. DOI: 10.1016/j.jfineco.2014.09.008.

Kühnapfel, J. B. (2021): Scoring und Nutzwertanalysen. Ein Leitfaden für die Praxis. Wiesbaden et al: Springer Gabler.

Lazarevic, D./ Martin, M. (2018): Life cycle assessment calculative practices in the Swedish biofuel sector: Governing biofuel sustainability by standards and numbers. In: *Business Strategy and the Environment,* 27. Jg., H. 8, S. 1558–1568. DOI: 10.1002/bse.2214.

Lehmann, P./ Ammermann, K./ Gawel, E./ Geiger, C./ Hauck, J./ Heilmann, J. et al. (2021): Managing spatial sustainability trade-offs: The case of wind power. In: *Ecological Economics,* 33. Jg., H. 185, S. 1–12. DOI: 10.1016/j.ecolecon.2021.107029.

Leucht, A./ Rydell, A. (2020): Looking behind the curtain: Exploring the role and content of ESG in M&A Due Diligence. Master Thesis. Uppsala University. Business Studies. Online: https://www.diva-portal.org/smash/record.jsf?dswid=-5823&pid=diva2%3A1453233&c=1&searchType=SIMPLE&language=en&query=Looking+behind+the+curtain%3A+Exploring+the+role+and+content+of+ESG+in+M%26A+Due+Diligence&af=%5B%5D&aq=%5B%5B%5D%5D&aq2=%5B%5B%5D%5D&aqe=%5B%5D&noOfRows=50&sortOrder=author_sort_asc&sortOrder2=title_sort_asc&onlyFullText=false&sf=all, Abruf: 2023-06.03, Uppsala.

Li, K./ Khalili, N./ Cheng, W. (2019): Corporate Social Responsibility Practices in China: Trends, Context, and Impact on Company Performance. In: *Sustainability,* 11. Jg., H. 2, S. 354. DOI: 10.3390/su11020354.

Lieberum, J. (1999): Einflüsse von Beschaffungskonstellationen auf die Gestaltung von Beschaffungssystemen. Eine Analyse auf typologischer Basis. 1. Aufl. Göttingen: Cuvillier.

Lippert, C./ Feuerbacher, A./ Narjes, M. (2021): Revisiting the economic valuation of agricultural losses due to large-scale changes in pollinator populations. In: *Ecological Economics,* 33. Jg., H. 180, S. 1–14. DOI: 10.1016/j.ecolecon.2020.106860.

López, A./ Mabe, L./ Sanchez, B./ Tapia, C./ Alonso, A. (2015): Best practice solutions: Methods for sustainability assessment within the process industries. Tecnalia (Hrsg.). Brüssel.

Ludin, D./ Wellbrock, W. (2019): Betriebswirtschaftliche Implikationen eines nachhaltigen Beschaffungsmanagements. In: Wellbrock, W. und Ludin, D. (Hg.): Nachhaltiges Beschaffungsmanagement. Wiesbaden: Springer Fachmedien, S. 3–16. DOI: 10.1007/978-3-658-25188-8_1.

Ludvig, A./ Braun, M./ Hesser, F./ Ranacher, L./ Fritz, D./ Gschwantner, T. et al. (2021): Comparing policy options for carbon efficiency in the wood value chain: Evidence from Austria. In: *Journal of Cleaner Production,* 29. Jg., H. 292, S. 1–12. DOI: 10.1016/j.jclepro.2021.125985.

Machnik, A. (2020): Natural Capital and Ecological Ecosystem Services: Methods of Measuring Socio-economic Value of Nature. In: Leal, W. F., Azul, A. M., Brandli, L., Oezuyar, P. G. und Wall, T. (Hg.): Responsible Consumption and Production. Berlin: Springer International Publishing, S. 511–523.

Manocha, P./ Srai, J./ Kumar, M. (2016): Understanding the role of Sustainability in Mergers & Acquisitions from the perspective of Supply Chain Management – How green is the deal? 20th Cambridge International Manufacturing Symposium. Institute for Manufacturing, Cambridge.

Manocha, P./ Srai, J. S. (2020): Exploring Environmental Supply Chain Innovation in M&A. In: *Sustainability,* 12. Jg., H. 23, S. 1–15. DOI: 10.3390/su122310105.

Margolis, J. D./ Elfenbein, H. A./ Walsh, J. P. (2009): Does it Pay to Be Good...And Does it Matter? A Meta-Analysis of the Relationship between Corporate Social and Financial Performance. Harvard University.

Harvard Business School. Online: https://papers.ssrn.com/sol3/papers.cfm?abstract_id=1866371, Abruf: 05.06.2023, Cambridge.

Martin, A. (1989): Die empirische Forschung in der Betriebswirtschaftslehre. Eine Untersuchung über die Logik der Hypothesenprüfung, die empirische Forschungspraxis und die Möglichkeit einer theoretischen Fundierung realwissenschaftlicher Untersuchungen. Stuttgart: Poeschel.

Matschke, M. J./ Brösel, G. (2013): Unternehmensbewertung. Wiesbaden: Springer Fachmedien.

Mayer, K. (2020): Nachhaltigkeit: 125 Fragen und Antworten. Wegweiser für die Wirtschaft der Zukunft. 2. Aufl. Wiesbaden: Springer Gabler.

Mirvis, P. H. (2008): Can You Buy CSR? In: *California Management Review,* 51. Jg., H. 1, S. 109–116. DOI: 10.2307/41166471.

Morgenstern, K. (2020): Wie halten es die Anleger mit der Nachhaltigkeit? Befragung zu Kenntnissen, Erfahrungen und Erwartungen privater Investoren. Deutsches Institut für Altersvorsorge GmbH (Hrsg.). Berlin.

Müller, F./ Liesen, A./ Marwede, M./ Handke, V./ Hahn, T./ Figge, F. (2009): Der Sustainable-Value-Ansatz in kleinen und mittleren Unternehmen. Konzepte und Erfahrungen aus drei Fallstudien. Berlin.

Munda, G. (2005): Multiple Criteria Decision Analysis and Sustainable Development. In: Figueira, J. R., Greco, S., Ehrgott, M. und Henggeler Antunes, C. (Hg.): Multiple criteria decision analysis. State of the art surveys. New York: Springer, S. 953–981.

Nertinger, S. (2015): Carbon and Material Flow Cost Accounting. Wiesbaden: Springer Fachmedien.

Nguyen, P.-A./ Kecskés, A./ Mansi, S. (2020): Does corporate social responsibility create shareholder value? The importance of long-term investors. In: *Journal of Banking & Finance,* 112. Jg., S. 105217. DOI: 10.1016/j.jbankfin.2017.09.013.

Nicolăescu, E./ Alpopi, C./ Zaharia, C. (2015): Measuring Corporate Sustainability Performance. In: *Sustainability,* 7. Jg., H. 1, S. 851–865. DOI: 10.3390/su7010851.

OECD (2012): Umweltausblick bis 2050. Die Konsequenzen des Nichthandelns. Berlin.

Pagell, M./ Wu Zhaohui (2009): Building a more complete theory of Sustainable Supply Chain Management using case studies of 10 exemplars. In: *Journal of Supply Chain Management,* 45. Jg., H. 2, S. 37–56. DOI: 10.1111/j.1745-493X.2009.03162.x.

Paulesich, R./ Boley, T./ Aichinger A./ Friesenbichler, R./ Waidhofer, S./ Kössler, W. et al.: Implementierung eines Nachhaltigkeitsindex an der Wiener Börse. Bundesministerium für Verkehr, Innovation und Technologie. Wien.

Pettinari, N. (2020): Sustainable M&A: the value of ESG. Do bidders prefer to acquire or create sustainability? Master's Degree Thesis. Libera Università Internazionale degli Studi Sociali. Corporate governance, Rom.

Pihkola, H./ Pajula, T./ Tapia, C./ Ritthoff, M./ Saurat, M. (2016): Sustainability assessment methods and tools for cross-sectorial assessment. Projektbericht. VTT Technical Research Centre of Finland, Brüssel.

Piller, T. (2000): Mass customization. Ein wettbewerbsstrategisches Konzept im Informationszeitalter. Wiesbaden: Springer Fachmedien.

Piperni, C. (2020): Does ESG Affect Shareholder Value Creation? Evidence From The M&A Market. Working Paper. Libera Università Internazionale degli Studi Sociali. LUISS University Press - Pola Srl, Rom.

Popper, K. R. (1979): Ausgangspunkte. Meine intellektuelle Entwicklung. 1. Auflage. Hamburg: Hoffmann und Campe.

Popper, K. R./ Eccles, J. C. (1982): Das Ich und sein Gehirn. 5. Aufl. München: Piper.

Potthast, T./ Kröber, B. (2020): Bioökonomie nachhaltig gestaltet – Konzeptionelle und ethische Grundlagen. In: Konrad, W., Scheer, D. und Weidtmann, A. (Hg.): Bioökonomie nachhaltig gestalten. Perspektiven für ein zukunftsfähiges Wirtschaften. 1. Aufl. Wiesbaden: Springer Fachmedien Wiesbaden, S. 257–274. DOI: 10.1007/978-3-658-29433-5_10.

PricewaterhouseCoopers (2012): The Integration of Environmental, Social and Governance issues in Mergers and Acquisitons Transactions. Trade Buyers Survey Results. Principles for Responsible Investment (PRI) (Hrsg.). London. Online: https://www.pwc.com/gx/en/sustainability/publications/assets/pwc-the-integration-of-environmental-social-and-governance-issues-in-mergers-and-acquisitions-transactions.pdf, Abruf: 05.06.2023.

Rees, W. E./ Wackernagel, M. (1999): Monetary analysis: turning a blind eye on sustainability. In: *Ecological Economics*, 7. Jg., H. 29, S. 47–52.

Riano, J. D./ Yakovleva, N. (2020): Corporate Social Responsibility. In: Leal, W. F., Azul, A. M., Brandli, L., Oezuyar, P. G. und Wall, T. (Hg.): Responsible Consumption and Production. Berlin: Springer International Publishing, S. 106–117.

Rozen, A. (2019): ESG on the Rise: Making an Impact in M&A. IHS Markit (Hrsg.). London.

Ruthardt, F./ Hachmeister, D. (2018): Unternehmensbewertung zur Abfindungsbemessung. In: *Schmalenbachs Zeitschrift für betriebswirtschaftliche Forschung (ZfbF)*, 70. Jg. H. 1-2, S. 47–71. DOI: 10.1007/s41471-017-0046-9.

Saaty, T. L. (2005): The analytical hierarche and analytical network processes for the measurement of intangible criteria and for decision-making. In: Figueira, J. R., Greco, S., Ehrgott, M. und Henggeler Antunes, C. (Hg.): Multiple criteria decision analysis. State of the art surveys. New York: Springer, S. 345–407.

Sailer, U. (2020): Nachhaltigkeitscontrolling. Was Controller und Manager über die Steuerung der Nachhaltigkeit wissen sollten. 3. Aufl. Konstanz et al: UVK Verlag.

Salvi, A./ Petruzzella, F./ Giakoumelou, A. (2018): Green M&A Deals and Bidders' Value Creation: The Role of Sustainability in Post-Acquisition Performance. In: *International Business Research*, 11. Jg., H. 7, S. 1–15. DOI: 10.5539/ibr.v11n7p96.

Saurat, M./ Ritthoff, M.: Sustainability assessment methods and tools to support decision-making in the process industrie. Overview of existing sustainability assessment methods and tools, and of relevant standards. Wuppertal Institut (Hrsg.). Wuppertal.

Schäfer, H. (2003): Sozial-ökologische Ratings am Kapitalmarkt. Transparenzstudie zur Beschreibung konkurrierender Konzepte zur Nachhaltigkeitsmessung auf deutschsprachigen Finanzmärkten. Düsseldorf: Hans-Böckler-Stiftung.

Schäfer, H. (2005): Unternehmensrating hinsichtlich Nachhaltigkeit bzw. Corporate Social Responsibility (CSR). Eine Übersicht über Ratingagenturen, Analyseabteilungen und Indexbetreiber. Hans-Böckler-Stiftung (Hrsg.). Online: https://www.boeckler.de/pdf/mbf_csr_schaefer_2005.pdf, zuletzt aktualisiert am 2005, Abruf: 27.01.2023.

Schäfer, H. (2015): Nachhaltigkeitsindizes. In: Schneider, A. und Schmidpeter, R. (Hg.): Corporate Social Responsibility. Berlin et al: Springer Gabler, S. 991–1001.

Schäfer, H. (2020): Green Economy, Green Deal und Sustainable Finance - Die zentrale Rolle von Nachhaltigkeitsratings. In: Everling, O. (Hg.): Social Credit Rating. Reputation und Vertrauen beurteilen. Wiesbaden: Springer Gabler, S. 367–390.

Schäfer, H./ Bauer, F./ Bracht, F. (2015): 'BiC in Sustainability?'. Die Transparenz von Best in Class - Nachhaltigkeitsfonds in Deutschland. Forschungsbericht. Universität Stuttgart. Fakultät Wirtschafts- und Sozialwissenschaften. Online: https://elib.uni-stuttgart.de/bitstream/11682/5678/1/Forschungsbericht_2015_01_Schaefer_Bauer_Bracht_BiC_in_Sustainability.pdf, Abruf: 05.06.2023, Stuttgart.

Schäfer, H./ Sauter, F. (2016): Das Rating der Nachhaltigkeit von Staaten – Analyse und Bewertung existierender Ratingmethoden. In: Kopp, H. E. (Hg.): CSR und Finanzratings. Berlin et al: Springer, S. 109–133.

Schaltegger, S./ Herzig, C./ Kleiber, O./ Klinke, T./ Müller, Jan, Dietrich (2007): Nachhaltigkeitsmanagement in Unternehmen. Von der Idee zur Praxis: Managementansätze zur Umsetzung von Corporate Social Responsibility und Corporate Sustainability. Lüneburg: Centre for Sustainability Management (CSM) der Leuphana Universität Lüneburg. Online: http://pure.leuphana.de/ws/files/1174686/BMU_Nachhaltigkeitsmanagement_in_Unternehmen.pdf, Abruf: 05.06.2023.

Schaltegger, S./ Windolph, S. E./ Harms, D. (2010): Corporate Sustainability Barometer. Wie nachhaltig agieren Unternehmen in Deutschland? PricewaterhouseCoopers (Hrsg.). Frankfurt a. M. Online: http://fox.leuphana.de/portal/files/3722722/CorporateSustainabilityBarometer2010.pdf, Abruf: 05.06.2023.

Schär, S. (2018): State-of-the-Art dynamischer Methoden zur multikriteriellen Entscheidungsunterstützung. In: *Junior Management Science,* 3. Jg., H. 3, S. 146–165. DOI: 10.5282/JUMS/V3I3PP146-165.

Schebek, L. (2005): Ökobilanzen. In: Gohlke, O., Neukirchen, B. und Wiesner, J. (Hg.): Werkzeuge zur Bewertung von Abfallbehandlungsverfahren. Methoden und Ergebnisse. Düsseldorf: VDI Verlag GmbH, S. 37–42.

Scherm, E./ Pietsch, G. (2007): Organisation. Theorie, Gestaltung, Wandel. München: Oldenbourgh Wissenschaftsverlag.

Schluep, I. (2020): Systeme und Instrumente der Firmennachhaltigkeitsbewertung. Eine kritische Bestandsaufnahme mit Fokus auf KMU. Center for Corporate Responsibility and Sustainability. Zürich.

Schmidt, M./ Schwegler, R. (2005): Wertschöpfungsbasierte Erfolgsmessung unternehmensbezogener Klimaschutzaktivitäten. Institut für Angewandte Forschung der Hochschule Pforzheim. Pforzheim.

Schnauffer, R. (1999): Internationale Kommunikationspolitik für Investitionsgüter. Wiesbaden: Gabler.

Schwaiger/ Elisabeth/ Färber, B./ Svehla-Stix, S./ Vogel, J./ Weiß, M. et al. (2018): Bewertung von Ökosystemleistungen. Methodenvergleich Kosten-Nutzen-Analyse und Multikriterienanalyse anhand einer österreichischen Region. Umweltbundesamt (Hrsg.). Wien.

Schwarzmaier, U. (2013): Entwicklungstendenzen des Controllings unter besonderer Berücksichtigung der Veränderungen durch die Nachhaltigkeitsdiskussion. In: *Controller Magazin,* 38. Jg. H. Juli/August, S. 29–36.

Schwerk, A. (2014): Leistungssteuerung (I): Gesamtsteuerung mit strategischen ESG-Managementsystemen. In: Schulz, T. und Bergius, S. (Hg.): CSR und Finance. Berlin et al: Springer Gabler, S. 113–126.

Schwerk, A. (2015): Strategische Einbettung von CSR in das Unternehmen. In: Schneider, A. und Schmidpeter, R. (Hg.): Corporate Social Responsibility. Berlin et al: Springer Gabler, S. 519–542.

Siedenbiedel, G. (2020): Organisationale Gestaltung. Wiesbaden: Springer Fachmedien.

Spraul, K. (2017): Nonprofit-Organisationen und Nachhaltigkeit – Stand der Forschung und Perspektiven. In: Theuvsen, L., Andeßner, R., Gmür, M.

und Greiling, D. (Hg.): Nonprofit-Organisationen und Nachhaltigkeit. Wiesbaden: Springer Fachmedien, S. 11–22.

Staehle, W. (1999): Management. Eine verhaltenswissenschaftliche Perspektive. 8. Aufl. München: Vahlen.

Staehle, W. H. (1979): Deutschsprachige situative Ansätze in der Managementlehre. In: *WiSt - Wirtschaftswissenschaftliches Studium*, 8. Jg., H. 5, S. 218–222.

Stagl, S. (2004): Valuation for Sustainable Development – The Role of Multicriteria Evaluation. In: *Vierteljahrshefte zur Wirtschaftsforschung*, 73. Jg., H. 1, S. 53–62. DOI: 10.3790/vjh.73.1.53.

Stegmann, R. (2002): Der Erfolg von Unternehmenszusammenschlüssen. Kritische Faktoren und Handlungsempfehlungen. Wiesbaden: Deutscher Universitäts-Verlag.

Sternad, D./ Mödritscher, G. (2018): Qualitatives Wachstum. Wiesbaden: Springer Fachmedien.

Stremlau, S. (2016): Fünf Thesen zu den Erfordernissen eines Nachhaltigkeitsratings 2.0. In: Kopp, H. E. (Hg.): CSR und Finanzratings. Berlin et al: Springer, S. 193–206.

Swiatkowski, J./ Frey, F. (2021): Short-term Wealth Effects of Corporate Social Responsibility? Empirical Evidence from ESG Ratings of Firms Involved in M&A Transactions. In: *SSRN Journal*. DOI: 10.2139/ssrn.3935832.

Tampakoudis, I./ Anagnostopoulou, E. (2020): The effect of mergers and acquisitions on environmental, social and governance performance and market value: Evidence from EU acquirers. In: *Business Strategy and the Environment*, 29. Jg., H. 5, S. 1865–1875. DOI: 10.1002/bse.2475.

Teichert, T./ Talaulicar, T. (2002): Managementkonzepte im betriebswirtschaftlichen Diskurs. Eine bibliometrische Klassifizierung. In: *Die Betriebswirtschaft*, 62. Jg., H. 4, S. 409–426.

Ther, V./ Kehl, K. (2012): Soziale Investitionen: ein konzeptioneller Entwurf. In: Anheier, H. K. (Hg.): Soziale Investitionen. Interdisziplinäre Perspektiven. Wiesbaden: VS Verlag für Sozialwissenschaften, S. 39–86.

Theuvsen, L./ Otter, V./ Müller, H./ Greiling, D. (2015): Motive für Nachhaltigkeitsmanagement – Konzeptionelle Überlegungen und empirische Ergebnisse. In: Greiling, D., Schaefer, C. und Theuvsen, L. (Hg.): Nachhaltigkeitsmanagement und Nachhaltigkeitsberichterstattung öffentlicher Unternehmen. 1. Auflage. Baden-Baden: Nomos, S. 35–56. DOI: 10.5771/9783845263434-35.

Thommen, J.-P./ Achleitner, A.-K./ Gilbert, D. U./ Hachmeister, D./ Jarchow, S./ Kaiser, G. (2020): Allgemeine Betriebswirtschaftslehre. Wiesbaden: Springer Fachmedien.

Tober, C./ Atalay, N./ Dittrich, S./ Gloger, A.-M. (2020): Marktbericht Nachhaltige Geldanlagen 2020. Forum Nachhaltige Geldanlagen e.V. (Hrsg.). Berlin.

Trapp, R. (2012): Konvergenz des Rechnungswesens. Eine Inhaltsanalyse der Diskussion um eine Annäherung des internen und externen Rechnungswesens in deutschsprachigen Fachzeitschriften. Wiesbaden: Gabler.

Ung, T. A./ Urfe, M. N. (2021): ESG - Does it pay in M&A. Investigatiing the ESG premium in Mergers and Acquisitions. Master thesis. Norwegian School of Economics. Online: https://openaccess.nhh.no/nhh-xmlui/bitstream/handle/11250/2766341/masterthesis.pdf?sequence=1&isAllowed=y, Abruf: 05.06.2023, Bergen.

Urselmann, M. (2006): Erfolgsfaktoren im Fundraising von Nonprofit-Organisationen. 2. Aufl. Wiesbaden: Deutscher Universitäts-Verlag (Gabler-Edition Wissenschaft NPO-Management).

Walther, F./ Hein, C./ Wellbrock, W. (2019): Proaktives Risikomanagement als Unterstützung einer nachhaltigen Beschaffung. In: Wellbrock, W. und Ludin, D. (Hg.): Nachhaltiges Beschaffungsmanagement. Wiesbaden: Springer Fachmedien, S. 271–294. DOI: 10.1007/978-3-658-25188-8_16.

Weber, A. (2015): Nachhaltigkeit und CSR in der Bankenwirtschaft. In: Schneider, A. und Schmidpeter, R. (Hg.): Corporate Social Responsibility. Berlin et al: Springer Gabler, S. 935–947.

Weber, F. M. (2022): Bewertung und Selektion nachhaltiger Innovationen der Bioökonomie durch Investoren. In: Jeschke, B. G. und Heupel, T. (Hg.):

Bioökonomie. Impulse für ein zirkuläres Wirtschaften. Wiesbaden: Springer Fachmedien, S. 447–462. DOI: 10.1007/978-3-658-34322-4_21.

Weber, G./ Weber, M. (2021): Nachhaltigkeit im deutschen Mittelstand – Ergebnisse einer Studie. In: Schmitz, M. (Hg.): CSR im Mittelstand. Berlin et al: Springer Gabler, S. 25–44.

Weber, J./ Wendt, K. (2016): Nachhaltiger investieren durch integrierte Ratings – Königsweg oder Utopie? In: Kopp, H. E. (Hg.): CSR und Finanzratings. Berlin et al: Springer, S. 235–253.

Wellbrock, W./ Ludin, D./ Krauter, S. (2020): Nachhaltigkeitscontrolling. Instrumente und Kennzahlen für die strategische und operative Unternehmensführung. Wiesbaden: Springer.

Wendt, K. (2015): Reform der Bankkultur von Innen – Brücke zwischen Positive Impact und Vertrauen. In: Schneider, A. und Schmidpeter, R. (Hg.): Corporate Social Responsibility. Berlin et al: Springer Gabler, S. 965–989.

Wilkens, I. (2012): Multikriterielle Analyse zur Nachhaltigkeitsbewertung von Energiesystemen. Von der Theorie zur praktischen Anwendung. Berlin. Online: https://depositonce.tu-berlin.de/bitstreams/f65ffe06-15a8-45f2-8f9d-5e1fdbf1370e/download, Abruf: 01.06.2023.

Witting, H./ Karg, L. (2019): Leitfaden für die Entwicklung nachhaltiger Dienstleistungen. In: Englert, M. und Ternès, A. (Hg.): Nachhaltiges Management. Berlin et al: Springer, S. 669–686.

Wolf, J. (2020): Organisation, Management, Unternehmensführung. Wiesbaden: Springer Fachmedien Wiesbaden.

Wömpener, A./ Bernatzky, S. (2013): Controlling als Träger der Integration des Unternehmensziels der Nachhaltigkeit. In: *Zeitschrift für Corporate Governance,* 8. Jg., H. 5, S. 210–213. DOI: 10.37307/j.1868-7792.2013.05.06.

Wong, C./ Petroy, E. (2020): Rate the Raters 2020: Investor Survey and Interview Results. SustainAbility (Hrsg.). Online: https://www.sustainability.com/globalassets/sustainability.com/thinking/pdfs/sustainability-ratetheraters2020-report.pdf, Abruf: 01.06.2023.

Wunder, S./ Albrecht, S./ Porsch, L./ Öhler, L. (2019): Von der Nische in den Mainstream – Wie gute Beispiele nachhaltigen Handelns in einem breiten gesellschaftlichen Kontext verankert werden können. Umweltbundesamt (Hrsg.). Ecologic Institut gemeinnützige GmbH. Berlin.

Yen, T.-Y./ André, P. (2019): Market reaction to the effect of corporate social responsibility on mergers and acquisitions: Evidence on emerging markets. In: *The Quarterly Review of Economics and Finance*, 71. Jg. H. February, S. 114–131. DOI: 10.1016/j.qref.2018.07.003.

Zhang, F./ Li, M./ Zhang, M. (2019): Chinese Financial Market Investors Attitudes toward Corporate Social Responsibility: Evidence from Mergers and Acquisitions. In: *Sustainability*, 11. Jg., H. 9, S. 1–20. DOI: 10.3390/su11092615.

Zimek, M./ Baumgartner, R. J. (2020): Sustainability Assessment and Reporting of Companies. In: Leal, W. F., Azul, A. M., Brandli, L., Oezuyar, P. G. und Wall, T. (Hg.): Responsible Consumption and Production. Berlin: Springer International Publishing, S. 711–723.

Zühlke, J. P. (2007): Die Verbreitung von Wissen zu Controlling-Instrumenten. Wiesbaden: Deutscher Universitäts-Verlag.

Anhang

Anhang A: SAMT-Ranking[449]

#	Methode[450]	Σ	% an Gesamtpunktzahl	Rang
13	Cumulative Energy Demand	20	8 %	5
14	Life cycle iNdeX	18	7 %	9
16	Life Cycle Activity Analysis	17	6 %	11
17	Product Sustainability Assessment	14	5	13
18	Hybrid LCA + partial equilibrium model	15	6 %	12
	Σ	265	100 %	

---

449 In Anlehnung an Pihkola, H. et al. (2016): S. 10.
450 Reihenfolge entspricht dem kumulierten Gesamtranking über die vier ausgewählten Quellen hinweg.

#	Methode[450]	Σ	% an Gesamtpunktzahl	Rang
13	Cumulative Energy Demand	20	8 %	5
14	Life cycle iNdeX	18	7 %	9
16	Life Cycle Activity Analysis	17	6 %	11
17	Product Sustainability Assessment	14	5	13
18	Hybrid LCA + partial equilibrium model	15	6 %	12
	Σ	265	100 %	

Anhang B: Fachmagazin-Ranking (Journale)

#	Methode	2016	2017	2018	2019	2020	2021	Σ
1	Kosten-Nutzen-Analyse	-	1	1	2	-	3	7
2	Lebenszyklusanalyse	1	4		2	2	6	17
3	CO2-Fußabdruck	1	-	1	1	-	2	5
4	Effizienzanalyse	2	2	2	1	3	6	16
5	Multi-Kriterien-Analyse	2	4	-	1	2	4	13
6	Ökologischer Fußabdruck	-	2	-	-	-	2	4
7	Ökonomische Bewertung	1	3	-	2	3	4	13
8	Materialflussanalyse (Material-Input pro Serviceeinheit)	-	2	-	1	1	1	5
9	Sustainable-Value-Ansatz	1	-	2	-	2	1	6
	Σ	8	18	8	10	13	29	86

Anhang C: EconBiz-Ranking

#	Methode	2011	2012	2013	2014	2015	2016	2017	2018	2019	2020	2021	Σ
1	Kosten-Nutzen-Analyse	48	64	61	50	37	10	7	3	10	5	-	295
2	Lebenszyklusanalyse	3	3	1	7	6	3	4	4	1	6	2	40
3	CO2-Fußabdruck	1	8	2	2	2	2	2	2	-	1	-	22
4	Effizienzanalyse	-	2	-	-	3	-	1	-	-	-	-	6
5	Multi-Kriterien-Analyse	2	2	2	6	6	4	4	7	5	-	1	39
6	Ökologischer Fußabdruck	7	5	5	6	2	2	3	3	3	-	-	36
7	Ökonomische Bewertung	-	1	4	1	4	4	1	2	-	3	-	20
8	Materialflussanalyse (Material-Input pro Serviceeinheit)	-	-	1	1	-	-	-	-	-	-	-	2
9	Sustainable-Value-Ansatz	4	3	1	2	-	1	-	-	1	-	-	12

#	Methode	2011	2012	2013	2014	2015	2016	2017	2018	2019	2020	2021	Σ
10	Ecodesign, Design for Environment	1	-	-	-	2	-	-	-	-	2	-	5
11	Exergetic Life Cycle Assessment	1	-	-	-	-	-	-	-	-	-	-	1
12	Wasser-Fußabdruck	-	2	-	1	-	-	-	-	-	-	-	3
13	Cumulative Energy Demand	-	-	-	-	-	-	-	-	-	-	-	0
14	Life cycle iNdeX	-	-	-	-	-	-	-	-	-	-	-	0
15	Sozio-Ökoeffizienz-Analyse	-	-	-	-	-	-	-	-	-	-	-	0
16	Life Cycle Activity Analysis	-	-	-	-	-	-	-	-	-	-	-	0
17	Product Sustainability Assessment	-	-	-	1	-	-	-	-	-	-	-	1

#	Methode	2011	2012	2013	2014	2015	2016	2017	2018	2019	2020	2021	Σ
18	Hybrid LCA + partial equilibrium model	-	-	-	-	-	-	-	-	-	-	-	0
19	Ökoeffizienz-Bewertung	-	2	-	-	-	-	-	-	-	-	-	2
	Σ	67	92	77	77	62	26	22	21	20	17	3	484

Anhang D: ScienceDirect Ranking

#	Methode	2011	2012	2013	2014	2015	2016	2017	2018	2019	2020	2021	Σ
1	Kosten-Nutzen-Analyse	234	313	403	435	491	555	590	617	633	701	516	5.488
2	Lebenszyklusanalyse	252	339	418	566	712	824	1.055	1.059	1.137	1.330	1.095	8.787
3	CO2-Fußabdruck	157	291	341	435	547	662	839	976	1.098	1.389	1.199	7.934
4	Effizienzanalyse	70	86	102	151	160	188	227	203	266	336	230	2.019
5	Multi-Kriterien-Analyse	82	84	128	135	164	208	245	198	225	256	192	1.917
6	Ökologischer Fußabdruck	94	142	171	165	179	201	239	246	248	345	253	2.283
7	Ökonomische Bewertung	66	59	84	111	132	172	183	216	235	301	189	1.748

#	Methode	2011	2012	2013	2014	2015	2016	2017	2018	2019	2020	2021	Σ
8	Materialflussanalyse (Material-Input pro Serviceeinheit)	66	81	90	111	125	139	173	223	215	285	204	1.712
9	Sustainable-Value-Ansatz	45	49	55	74	92	108	134	141	160	184	166	1.208
10	Ecodesign, Design for Environment	56	7	68	95	134	135	164	138	142	151	108	1.198
11	Exergetic Life Cycle Assessment	66	81	90	111	125	139	173	223	215	285	204	1.712
12	Wasser-Fußabdruck	16	36	50	90	92	100	151	155	223	248	188	1.349
13	Cumulative Energy Demand	14	26	34	52	56	80	79	98	75	94	92	700
14	Life cycle iNdeX	2	1	2	-	1	5	2	1	3	5	3	25

#	Methode	2011	2012	2013	2014	2015	2016	2017	2018	2019	2020	2021	Σ
15	Sozio-Ökoeffizienz-Analyse	-	1	3	-	1	4	3	1	2	.	2	17
16	Life Cycle Activity Analysis	-	-	1	-	-	-	-	-	1	-	1	3
17	Product Sustainability Assessment	-	-	4	1	5	2	4	3	11	2	5	37
18	Hybrid LCA + partial equilibrium model	-	-	-	-	-	-	-	-	-	-	-	0
19	Ökoeffizienz-Bewertung	6	7	8	17	19	21	21	21	24	22	23	189
	Σ	1.226	1.603	2.052	2.549	3.035	3.543	4.282	4.519	4.913	5.934	4.670	38.326

Die Autoren / Autorinnen

Malena Düchting

Malena Düchting ist Absolventin des Studiengangs RSW – Accounting und Controlling an der Dualen Hochschule Baden-Württemberg in Mannheim. Nach ihrem erfolgreichen Bachelorabschluss arbeitet sie derzeit im Erlöscontrolling der DB Regio AG.

Prof. Dr. Andreas Jonen

Prof. Dr. Andreas Jonen ist Professor an der Dualen Hochschule Baden-Württemberg in Mannheim sowie Dozent und Berater für Themen im Bereich Risikomanagement, Projektmanagement, Beschaffungscontrolling und Interne Revision. Er arbeitete viele Jahre in unterschiedlichen Industrieunternehmen im Bereich der Revision, unter anderem als Leiter der Revision. Anschließend war er Vice President Strategic Projects and Risk Management bei einem internationalen Maschinenbaukonzern und Professor an der Hochschule für Technik in Stuttgart.